원시인이었다가
세일즈맨이었다가
로봇이 된 **남자**

원시인이었다가
세일즈맨이었다가
로봇이된**남자**

초판 1쇄 발행 2019년 5월 10일

지은이 김영현
펴낸이 권미경
편 집 김건태
마케팅 심지훈
디자인 김종민
펴낸곳 (주)웨일북
등록 2015년 10월 12일 제2015-000316호
주소 서울시 마포구 월드컵로32길 22, 비에스빌딩 5층
전화 02-322-7187 **팩스** 02-337-8187
메일 sea@whalebook.co.kr **페이스북** facebook.com/whalebooks

ⓒ 김영현, 2019
ISBN 979-11-88248-85-8 03900

이 책에 사용된 저작권자가 불분명한 도판의 경우,
저작권자가 확인되는 대로 정식 동의 절차를 밟겠습니다.

소중한 원고를 보내주세요.
좋은 저자에게서 좋은 책이 나온다는 믿음으로, 항상 진심을 다해 구하겠습니다.

이 도서의 국립중앙도서관 출판예정도서목록(CIP)은
서지정보유통지원시스템 홈페이지(http://seoji.nl.go.kr)와
국가자료공동목록시스템(http://www.nl.go.kr/kolisnet)에서 이용하실 수 있습니다.
(CIP제어번호: CIP2019014922)

원시인이었다가 세일즈맨이었다가 로봇이 된 남자

문명 발달에 가려진
한 인간의 생존 보고서

김영현 지음

whale books

들어가며

모든 인간이 된 남자

나는 오늘도 일하러 간다. 현기증 이는 아침을 딛고 푸른 새벽을 맞이한다. 세수를 하고, 옷을 걸치고, 문을 나선다. 그렇게 수천 번의 하루를 보내며, 나는 문득 궁금해졌다. 대체 우리는 언제부터 이랬던 걸까?

이 책은 모든 인간의 역사를 꿰뚫는 생존 보고서다. 과거, 현재, 미래의 인류 문명 발달서이자 270만 년 동안 일했던 한 인간의 대장정 업무 일지다.

인간은 줄곧 일해 왔다. 다양한 이유로, 다채로운 직업으로 그들은 생존해 왔다. 그러니까 생존을 위해 일터로 향하는 '하루의 역사'는 실로 오래되었다. 자신을 위해, 누군가를 위해, 고향과 국가를 위해, 돈과 인기 그리고 권력을 위해, 또는 자신만의 하나뿐인 꿈을 위해.

그들은 사냥을 하고, 씨앗을 심고, 칼을 맞대고, 광물을 캐거나, 불을 길들이거나, 변소를 홍보하거나, 춤과 노래를 부르거나, 가만히 앉아 사유하거나, 아름다운 향기로 유혹하기도 했으며, 누군가의 아침을 부드러운 노크로 깨우기도 했다.

그렇게 살아남은 인간은 지금 무엇을 할까? 그들은 여전히 생존, 즉 살기 위한 돈벌이로 투쟁하고 있다. 우리는 문을 두드리거나, 회사에 구속되거나, 몸과 얼굴을 내걸며 자신을 판다. 우리는 살인, 전쟁, 기아의 고통에서 어느 정도 해방되었지만, 1평 남짓 공간에서 매일 8시간 이상 일하는 톱니바퀴가 되었다. 자본주의는 우리를 놓아주지 않고 끊임없이 달리게 했다.

그런 인간이 이제 신이 되려 하고 있다. 생존을 넘어 더욱 위험하고, 기묘하며, 놀라운 일을 만들고 있다. 머지않아 우리는 가상 세계 속에서 출근을 하거나, 달에서의 하룻밤을 보내거나, 기억이나 꿈, 욕망을 조작하거나, 새로운 인공지능 생명체를 만들 수도 있으며, 더 나아가 죽음까지 정복할지도 모른다.

하지만 해답을 찾지 못한 질문들이 땅 밑에서 스멀스멀 기어 나온다. 욕망이나 기억, 날씨를 조작할 수 있다면 그건 옳은 일일까? 인공장기로 몸을 대체한다면 우리는 인간일까, 로봇일까? 가상 세계에서 영원히 살 수 있다면 우리는 살아 있다고 말할 수 있을까? 인공지능 로봇이 모든 일을 대체한다면 우리는 무엇을 해야 할까? 그리고 무엇보다 우리의 존재 가치는 어디에서 찾아야 할까?

인류는 복잡하고 거대한 질문 앞에 서 있다. 우리는 이제 그 딜레마를 극복하고, 답을 준비해야 한다. 그러려면 거대한 사건 중심의 역사가 아닌, 개개인의 삶 안에서 문명을 거슬러 올라가 봐야 한다. 인문학은 인간을 이해하는 학문이다. 나는 인간을 이해하는 데 있어서 그 사람이 되어 보는 것만큼이나 강력한 해법을 아직까지 보지 못했다. 저기 성큼성큼 걸어가는 문명의 거인이 있다. 우리는 지금부터 그곳에 매달려 나름의 삶을 살아가는 한 인간의 눈 속으로 들어간다. 나는 한 인간의 삶을 살아 보는 것이, 우리 자신에 대한 이해를 돕고, 더 나은 답을 찾을 수 있는 힘을 주리라 확신한다. 덤으로 문명의 지식과 흐름을 자연스럽게 얻고 이해할 수 있음은 물론이다.

사실 이 책은 지극히 개인적인 이유로 시작되었다. 처음에는 그저 모든 인간의 하루가 궁금했고, 가능하다면 몸소 체험해 보고 싶었다. 과거뿐 아니라 현재, 그리고 머나먼 미래까지도. 하지만 그러한 책은 어디에도 없었고, 그래서 내가 쓰기로 했다. 소설가 토니 모리슨의 말이 맞았다.

"당신이 정말로 읽고 싶은 책이 있는데 아직 그런 책이 없다면, 당신이 직접 써야 한다."

처음엔 그뿐이었다. 하지만, 나는 책을 완성해 가면서 내 자신이 변했다는 사실을 깨달았다. 나 자신뿐 아니라 모두를 위해, 세상과 인류를 위해 이 책을 쓰고 있다는 사실 말이다. 물론, 그들을 완전히 이해하고 완벽히 살아내기란 불가능했다. 나는 모든 인간을 공감하려 하는 한 인간일 뿐이다. 그 모두는 나 자신과 닮아 있다.

나는 이 세상이 몇몇 사람들에 의해서만 이루어졌다고 생각하지 않는다. 모두는 저마다의 역할이 있고, 나름의 삶을 완성하고, 세상에 기여한다. 이 세계는 자신만의 목적의식을 가지고 나아간 수억 명의 발자취로 이루어져 있다.

당신이 그들을 느낄 수 있었으면 좋겠다. 나 자신과 타인, 우리 종을 이해하는 데 조금이나마 도움이 되었으면 좋겠다. 무엇보다 그 속에서 자기 자신을 보았으면 한다.

2019년 봄

김영현

목차

01 과거에 머무는 남자

02 현재에 사는 남자

03 미래로 가는 남자

PRIMITIVE MAN

GLADIATOR

PHILO SOPHER

Writer

PLAGUE DOCTOR

BUS DRIVER

Fashion Designer

Singer

BAR TENDER

ASTRONAUT

dream maker

ROBOTICIAN

01

과거에

머무는

남자

원시인

죽음은 매 순간 우리 안에 있다

눈을 뜬다. 생존의 본능이 나를 깨운다. 몸을 일으켜 제일 먼저 부족들을 확인한다. 간밤에 들짐승들이 습격하는 일이 잦아졌다. 하루하루 두려움과의 사투 속에서 살아간다. 우리는 한없이 약하고, 저 너머의 짐승들은 크고 강한 이빨을 가지고 있다. 돌멩이를 짐승의 이빨보다 더 예리하고 뾰족하게 갈아야 살 수 있다. 우리가 어디에서 왔는지는 알 수 없지만, 조상의 뜻은 안다.

생존.

우리는 가능한 한 살아남고, 싸우고, 피를 이어야 한다.

머리 위로 태양이 떠오른다. 사냥을 준비할 시간이다. 우리는 이마를 맞대고 간절히 염원한다. 풍족한 식량을 가져올 수 있기를. 조상의 가호가 있기를. 오늘도 살아남을 수 있기를.

사냥은 채집으로 시작된다. 싱싱한 씨앗과 열매 그리고 죽은 짐승의 고기나 골수가 주요 식량이다. 몸을 낮추고 한 발 한 발 조심스럽게 이동한다. 나뭇잎이 바람에 흔들린다. 비릿한 피 냄새, 들짐승의 흔적, 사그락사그락 소리가 들리면 극한의 긴장감으로 온몸이 예민해진다. 운이 좋아 작고 약한 짐승을 만나면 다행이지만, 강한 맹수를 맞닥뜨리면 그 즉시 도망쳐야 한다. 그들은 우리보다 크고, 빠르며, 순식간에 사지를 찢어 놓는다. 죽음은 매 순간 우리 안에 있다.

하늘이 어두워지면, 우리는 우리가 남긴 흔적을 살피며 왔던 길을 되돌아간다. 일관된 규칙과 방법으로 표식을 남긴다. 길을 만들고 찾는다는 것은 우리에게 중요한 일이다.

오늘은 별다른 소득이 없다. 어린 싹 한 움큼과 열매 몇 개 그리고 다른 짐승이 먹다 남긴 죽은 토끼의 살점이 전부다. 오늘밤은 굶주림과 싸워야 할 것이다. 슬슬 더 나은 땅으로 이동할 때다.

동굴에 돌아와 식량을 균등하게 나눠먹는다. 음식물을 입안에 넣고 오랫동안 씹어먹는다. 하루 중 가장 행복하고 평온한 순간이다. 몸에 활력이 돌고 따뜻한 기운이 깃든다. 나뭇잎과 지푸라기를 얼른 몸 위로 덮는다. 온기를 유지해야 오늘밤도 무사히 버틸 수 있다. 아직 생존과의 싸움은 끝나지 않았다.

#남쪽원숭이

오스트랄로피테쿠스 인류의 조상으로 추정되는 생물로 '남쪽의 원숭이'라는 의미를 갖는다

2백70만 년 전 최초의 원시인이 등장했다. 오스트랄로피테쿠스, 그 어원으로 말하자면 '남방의 원숭이'가 등장한 것이다. 그러나 그들이 유일한 인간종은 아니었다. 비슷한 시기 남아프리카에서는 호모 하빌리스(손을 쓰는 사람)가, 동아프리카에서는 호모 루돌펜시스(루돌프 호수

에서 온 사람)가 있었다. 인간의 시초는 여러 모습으로 출현했다. 그들은 네 발이 아닌 두 발로 걸어 다녔고, 덜 날카로운 네 개의 송곳니를 가졌으며, 수만 개의 하찮은 돌멩이로 돌칼을 만들었다.

하지만 그뿐이었다. 인간은 2백50만 년 가까이 포식자를 피해 다니며 작은 동물이나 식물, 열매만을 채집했다. 식량이 부족해 죽은 짐승의 뼈를 깨뜨려 골수를 파먹는 동물이었다. (골수와 뇌는 순수한 지방 덩어리로 영양이 매우 풍부하다.) 음식을 발견하면 살아남기 위해 지나치게 배불리 먹어 놓을 정도로 굶주림 속에서 살아갔다. 그들은 지구를 지배하는 종이 단연코 아니었다.

전환점을 맞이한 건 30만 년 전, 불을 자유자재로 이용하면서부터였다. 그들은 거의 모든 음식을 소화해 타 종족에 비해 생존에 유리해졌음은 물론, 불을 이용해 대부분의 맹수를 단번에 쫓아 버릴 수 있었다. 불의 힘은 실로 막강해서 거대한 숲을 단 몇 시간 만에 모두 태워 버렸다.

그들은 수렵과 채집을 통해 자리를 잡았고, 각종 육류와 어류, 채소와 과일을 풍요롭게 먹기 시작했다. 구석기 시대의 원시인은 19세기의 현대 남성보다 더 건강했고, 더 컸으며, 더 강했다. 그리고 20만 년 전, 또 하나의 인간종이 출현했다. 이름하여 '호모 사피엔스'(슬기로운 사람), 현 인류의 모습을 한 인간이었다. 그들은 유독 말이 많았고, 모닥불 아래에서 이야기를 지어내는 데 능숙했다.

이야기꾼

신은 우리의 모습을 하고 있네

자네, 내 말을 잘 들어보게. 어제 아침에 기묘한 꿈을 꾸었다네. 저 멀리서 황소 무리가 달려오는 꿈이었지. 나는 마구 도망쳤지만, 그들은 계속 쫓아왔다네. 수천의 황소 무리가 나를 들이받는 순간, 헉 하고 잠에서 깼다네. 얼마나 놀랐는지 지금까지도 심장이 두근거린다네. 그런데 어제 말이야. 덜컥 황소 두 마리가 잡혔지 뭔가. 그건 일종의 계시였네. 더욱 놀라운 건 이제부터라네. 오늘 아침에는 번쩍이는 한 인간이 내 눈앞에 등장하는 게 아닌가! 그건 태양도, 동물도, 대자연도 아니었다네. 우리와 똑같은 인간의 모습을 하고 있었네! 그는 나에게 '내가 준 것은 잘 받았느냐?'라고 말했지. 그리고 꿈을 깼다네. 나는 너무도 생생해서 손이 다 떨려 왔다네. 응? 말도 안 되는 소리라고? 잘 생각해보게, 친구. 이 모든 게 어찌 그냥 탄생할 수 있었겠는가? 머리 위의 커다란 달과 수천 개의 별 그리고 이 타오르는 불을 보게나. 매일같이 우릴 향해 번쩍이는 태양을 보라고. 우리는 누군가에 의해 보호받고 있는 것일세. 그들이 바로 우리를 이곳에 보낸 걸세. 신은 우리의 모습을 하고 있네. 그렇지 않다면 어찌 우리가 저 타오르는 불의 힘을 가질 수 있었겠는가? 우리가 태어난 이유는 이 세계를 지배하기 위해서야. 그러니까 오늘부터 정기적으로 그에게 숭배를 드려야 하네. 저 위에 있는 분에게 노래를 부르고, 축제를 열고, 일정량의 식량을 바쳐야 하네. 그래야만 큰 화를 입지 않을 걸세.

#즐거운환상

괴베클리 테페 농경 사회보다 약 5천 년이나 앞선 시기에 세워진 인류 최초의 신전

인간은 지구 역사상 환상을 믿는 유일한 존재였다. 그들은 상상력을 통해 수십억의 '집단 지성'을 이룩할 수 있었다. 다른 동물 집단은 일정 숫자가 넘어가면 서로를 신뢰하고 협력하기 어렵다. 한 개체가 친밀한 관계를 유지할 수 있는 숫자에는 한계가 있기 때문이다. 하

지만 인간은 다른 동물 무리와 달랐다. 그들은 상상력으로 만들어진 강력한 이야기의 토대만 있다면 수백만 명이 넘어가도 똘똘 뭉칠 수 있었다. 그 시작은 단연 신화이자 종교였으며 국가와 사상, 철학과 문화로 발전했다. 모든 것은 그들이 만들어 낸 이야기였다. 시끄럽고, 거짓말을 잘하며, 이야기를 부풀리는 동물. 즐거운 환상의 토대 위에서 살아가는 동물. 그들은 천생 이야기꾼이었다.

그리고 그 신화의 토대 위에서 새로운 변화의 조짐이 나타나기 시작했다. 빙하기가 끝나고 지구는 점차 따뜻해졌다. 매번 신전을 새로 지으면서 이동하기란 불가능했다. 그들은 더 이상 생존하는 종이 아닌 지배하는 종이 되길 원했다. 이윽고 한 인간이 땅속에 씨앗을 심기 시작했다.

농부

- -

그렇기에 버틸 수 있는 것이다

닭 우는 소리에 새벽은 시작된다. 찬 바람을 가슴 깊이 들이마신다. 2월이다. 인고의 열매를 얻으려면 지금부터 부지런히 움직여야 한다. 두 개의 양동이에 물을 가득 담고, 진물 나는 어깨 위에 짊어진다. 구부정한 허리는 제 업을 모르고 아파 온다. 괜찮다. 땀 흘려 일하다 보면 금세 잊을 것이다.

　농부에게 날씨는 신이다. 그 빌어먹을 신에게 전하는 욕망은 늘 같다. 언제나 적당한 햇빛과 적절한 빗줄기를 바라는 마음. 하지만 그런 기도를 비웃기라도 하듯, 신은 가혹한 벌을 내린다. 거센 홍수, 끝없는 가뭄, 산산조각 내버리는 거대한 태풍으로 모든 것을 앗아간다.

잡초는 뽑으면 되는 것이고, 들짐승은 쫓으면 되는 것이나, 이는 내 손에서 벗어난 일이다. 최선을 다하지만 나머지는 하늘의 몫이다.

나는 나의 역할을 한다. 저 넓은 밭이 나를 향해 손짓한다. 인류는 정착하기 위해 무엇을 희생했는가! 이 한 몸이야 부서져도 그만이지만, 가족과 이웃, 마을의 굶주림은 더없이 비참하다. 다시 배고파질 것이 두려워 먹지 않는 아이를 본 적이 있는가? 몇 리터의 양동이보다 죽어 가는 이들의 모습이 나를 무겁게 짓누른다.

나의 일은 복잡해 보이지만 그 본질은 단순하다. 봄이 되면 씨앗을 뿌리고, 가을이 되면 열매를 수확한다. 끊임없이 인내한다. 인내야말로 인간이 만든 가장 위대한 것이 아니겠는가. 그렇게 반복적인 한 해를 보내다가 언젠가 운이 좋아 햇살이 살포시 들어오고, 아슬아슬하게 태풍이 빗겨가고, 기분 좋은 물줄기가 내리는 해가 오면. 그때가 되면, 그 어떤 것보다 아름다운 황금빛 밭이 나를 반긴다. 흙을 파낼 때, 씨앗을 심을 때, 물을 뿌릴 때, 농부는 아직 자라지 않은 작물에서 그 모습을 본다. 그렇다. 그렇기에 버틸 수 있는 것이다.

잠시 그늘에 앉아 쉰다. 허수아비가 흔들리고, 신이 난 개들이 짖고, 솜털 같은 온기에, 아이들은 종을 울리며 뛰어다닌다. 저마다의 방법으로 밭을 지키는 것이다. 그런 모습을 보고 있노라면 피곤이 한꺼풀 쓸려 내려간다.

그러나 곧 다시 양동이를 둘러멘다. 나를 기다리고 있는 작은 피조

물에게 정성스레 물을 적신다. 나약한 인간이 하늘에게 본보기를 보여 주면, 풍성한 한 해가 될지 그 누가 알겠는가. 힘이 들 때는 콧노래를 부른다. 고통 속에서 농담을 찾는다. 수천 번의 흥겨운 가락이 제 끝을 모르고 퍼져 간다.

어느덧 하늘의 별들이 볍씨처럼 밝게 빛난다. 나는 우주에 대해 아는 것이 없으나, 참으로 아름답다. 숨을 들이마시고 뱉는다. 하얀 입김이 하늘 위로 뿌옇게 올라간다. 몸에는 더 이상 감각이 없다. 괜찮다. 따뜻한 죽 한 그릇이면 금세 돌아올 것이다.

#인내의씨앗

비옥한 초승달 지대 인류 최초의 농경 지역에서 이집트인이 농사를 짓고 있다

9천 년 전, 인류는 더 오래 살아남기 위해 날카로운 돌칼을 만들었고, 솟구치는 불을 넘어서 살아있는 생명을 관리하기에 이르렀다. 물론 그 이전에도 가위개미, 고동털개미 등이 유기물 찌꺼기로 체계적인 균류 농사를 짓고 있었지만, 이렇게 넓은 범위에 걸쳐 식량을 키워낸 것은 인간이 유일했다. 그들은 작물을 생산했고, 늑대를 개로 길들였으며, 소와 닭, 돼지를 키워 냈다.

하지만 초창기 인류의 농사는 결코 쉽지 않았다. 반년 내내 열심히 일을 한다 해도, 가뭄이나 태풍 한번이면 전부 망가졌고, 해충이나 맹수들에게 피해를 입기 일쑤였다. 지키는 것은 어려운 일이었다. 급격히 늘어난 인구 탓에 흉년이 찾아오면 굶주림을 버티며 힘겹게 살아가야 했다. 매일 갖가지 채소와 어류, 육류를 섭취했던 수렵 채집인보다 많은 질병과 영양실조를 겪어야 했고, 몸의 크기도 더 작아졌다. 무엇보다 인류는 수천 헥타르의 대지와 생명을 다루는 대신, 대부분의 시간을 몸과 영혼을 바쳐 일해야 했다. 그리고 이는 약 3천 년 동안 지속되었다.

하지만 그들의 희생으로 인류를 찬란한 문명으로 나아갈 수 있었다. 뜨거운 햇빛과 고된 노동, 끊임없이 참고 버텼던 경험들을 발판으로 인간은 한곳에 머무를 수 있었다. 떠돌이였던 인간이 집을 가지게 된 것이다.

그들의 정착은 새로운 국면을 가져왔다. 집은 가족을 늘리는 데 최적의 환경이었고, 인류의 수는 더 빠른 속도로 늘어났다. 그러나 인간은 만족하는 존재가 아니었다. 그들은 지구를 더 빠르게, 더 많이 정복하기 위해 무기를 만들기 시작했다.

대장장이

시련을 버텨낸 칼일수록

누군가 나를 부르는 소리가 들린다. 제길, 대체 어떤 자식이야? 잔뜩 인상을 구기며 눈을 뜨면 칼날에 담긴 햇살이 눈앞에 찰랑거린다. 보통 사람이면 섬뜩하겠지만 나에겐 익숙한 장면이다. 거칠고 투박한 면과 곧은 선…. 칼만 보고도 누군지 알 수 있다. 옆집 애송이다.

금방 상해 버린 애송이의 칼을 갈아주고, 어떻게 다뤄야 하는지 훈계 한 바가지를 해주고 난 뒤 거하게 술 한 모금을 들이켜는 것으로 하루를 시작한다. 언제든 술맛은 죽인다. 누구든 나에게 매일 술 한 병을 준다면 그에게 최고의 칼을 선물하리라.

농사철이 다가오면 칼뿐 아니라 농기구의 주문도 끝없이 들어온다. 사실 나의 일거리는 쉼이 없어서 기한을 잡지 않는다. 매일 산더미처럼 쌓여 있으니, 급할 게 무엇 있겠는가. 성격도 그리 유순하지 못해 내 맘대로 사는 것이 나의 철칙이다. 그리고 무엇보다 일이 없어 아무것도 못하는 것보다, 일이 많은데 아무것도 안 하는 것이 훨씬 즐겁다.

사람이 제각각 다르듯 칼도 저마다 용도가 다르다. 땅을 일구는 칼, 요리하는 칼, 풀 베는 칼, 무당이 춤추는 칼, 아무짝에 쓸모없는 장식용 칼, 사람을 가르는 칼까지. 각기 날을 세우는 법도 다르며, 만드는 것은 더욱 궤를 달리 한다. 다양성을 인정하는 것은 늘 중요하고, 그렇기에 하나하나 잘 이해해야 한다.

뜨거운 불구덩이에 철을 달구고 식히며 끊임없이 담금질을 한다. 이를 두세 시간 동안 반복하고 나면, 죽이는 놈이 나온다. 온도가 높고 힘들게 인내할수록 그렇다. 시련을 버텨낸 칼일수록 더욱 강해지는 것이다.

매일 쇳덩이를 다루다 보니 팔은 다리통만 해지고, 얼굴은 거무죽죽하게 그을렸다. 손에는 굳은살이 박히다 못해 피고름과 함께 쌓여 있다. 자랑스러운 일이다. 어떤 이들은 우리들을 연금술사라고 하는데, 그 말이 맞다. 부러진 금속을 붙이고, 투박한 쇠를 아름답게 만들어 내니 이것이 마법 아니면 무엇이겠는가?

그래서인지 몰라도 우리에게는 저주가 하나 걸려 있다. 얼굴이 점점 흙색으로 변하고, 두통과 흉통이 자주 찾아온다. 아버지와 할아버지, 대대손손 그렇게 죽어갔으니, 때가 되면 나도 그렇게 명을 다할 것이다. 이 업을 택한 이상 그것이 나의 운명이다. '신'의 일을 했으니 당연한 업보일 터. 그것이 실로 대장장이다운 죽음 아니겠는가.

늦은 시각까지 작업은 계속된다. 어둠이 밝아 오면 그제야 망치를 놓는다. 오늘 만든 녀석들을 찬찬히 달빛에 비춰 본다. 가슴 벅차오르는 순간이다. 갑작스레 잊고 있었던 피곤이 몰려오고, 삭신이 쑤신다. 대충 자리를 잡고 주린 배에 술 한 병을 들이붓는다. 내일도 그 녀석이 오려나? 제발 아무도 나를 깨우지 않았으면!

#연금술의대가

헤파이스토스 그리스 로마 신화의 12신 중 하나로, 대장장이와 불을 관장한다

과거에는 식량과 무력만큼 중요한 것이 없었다. 여러 집단 사이에서 살아남으려면 효율적인 농기구와 강한 무기가 필수적이었다. 무기의 단단함이 승패를 갈랐다고 해도 과언이 아니다. 단단함이 조금만 차이 나도 상대의 무기를 두 동강 내버렸을 것이기 때문이다. 어쩌

면 수많은 인간 무리 중에 국가가 될 수 있는 영광은 몇몇 뛰어난 대장장이들의 손에 달려 있었는지도 모른다.

그들은 연금술사라고 불리기도 했는데, 쇠를 자유롭게 붙이고 모양을 만드는 능력이 당시로서는 신비롭고 경이로운 모습이었다. 실제로 대장장이가 만드는 말편자의 경우, 오늘날의 부적처럼 행운을 가져다주고 악마를 쫓는다고 믿었다. 그를 보면 당시 대장장이를 바라보는 시선이 주술사나 마법사에 가까웠음을 알 수 있다.

하지만 연금술의 대가는 혹독했다. 그들은 중금속 중독에 걸려 각종 질병을 몸에 달고 살았다. 특히 비소는 신경 마비, 색소 침착, 탈모 등의 부작용을 일으켰고, 심할 경우 통증, 구토, 하혈과 함께 사망에 이르는 매우 위험한 물질이었다. 대장장이이자 불의 신인 헤파이스토스가 괴팍한 성격에 절름발이, 두꺼운 목, 흉측한 얼굴로 그려지는 이유가 여기에 있다.

대장장이는 1500도에서 철을 녹이고 비소를 첨가해 무기를 더욱 단단하게 했지만, 그들의 육체는 점점 죽어 갔다. 수명과 외모를 주고 놀라운 연금술을 얻었으니 그들이 바로 고대의 인어공주나 다름없다.

한편 2천2백 년 전 고대 로마에서는 그들이 만들어 낸 무기를 가지고 목숨을 걸고 싸우는 두 인간이 있었다.

검투사

- -

죽음을 향하는 자가 경의를 표하노라

심장이 뛴다. 거친 함성이 혈관을 부풀린다. 콜로세움이 흔들리고, 세상은 붉게 변하고, 모든 곳에 광기가 휩싸인다. 버려진 두 노예가 마주선다. 잃을 것은 없다. 가진 것이 있다면 선혈이 그어질 목덜미 뿐이다.

　우리를 수치스럽게 여기고, 타락한 자라 말하며, 야만인이라 부른다고 들었다. 맞는 말이다. 허나, 너희들이 한 가지 잘못 알고 있는 것이 있다. 네 시뻘건 눈동자를 보라. 이곳에 들어온 이상 모두가 죄인이자 타락한 자이며, 피를 뒤집어 쓴 야만인이다. 우리를 지켜보는 너희들 또한 괴물이 아니면 무엇인가.

숨이 멎는다. 아무것도 들리지 않는다. 내 앞의 멀대 같은 놈이 슬슬 움직인다. 지루한 경기를 펼치면 둘 다 목이 날아간다. 가장 밑바닥의 인간이 명예와 부를 얻으려면 흥을 돋워야 한다. 목숨을 건 아슬아슬한 순간으로 저들을 미치게 만들어야 한다. 물론 막상 싸움이 시작되면 그런 것에 신경 쓸 여유는 없다. 이것은 극이 아니다. 이것은 나의 삶이다. 이긴다면 그다음 숨을 쉴 수 있을 것이다.

몸을 낮춘다. 빠르게 놈에게 돌진한다. 방패 사이로 칼을 찔러 넣는다. 승패는 단번에 갈린다. 한 번의 공격, 한 번의 틈, 한 번의 흐트러짐에서 나온다. 하나의 깊은 혈흔을 남길 때까지. 방패로 내려찍든 몸뚱이로 밀어붙이든 상관없다. 물어뜯는 한이 있더라도 상대를 무너뜨려야 한다. 그래야만 살 수 있다. 숨을 가라앉힌다. 눈동자가 굴러간다. 틈이다. 발목. 망설임은 없다.

고통스런 신음이 투구 사이로 튀어나온다. 놈이 쓰러진다. 빠르게 다가가 목덜미를 낚아챈다. 아무것도 들리지 않던 귓속을 뚫고 괴물들이 환호성이 터져 나온다. 투구를 벗기고 놈의 목에 칼을 들이민다. 질질 끌다 방향을 돌려 왕을 마주본다. 피 묻은 투구 사이로 왕의 비릿한 미소가 보인다.

죽음을 향하는 자가 경의를 표하노라.

이제 놈의 목은 왕의 결정에 달렸다. 함께 훈련에 임했던 녀석이다. 살 수 있다면 좋으련만, 그럴 가능성은 희박해 보인다. 발목이 잘려 쓸모없어졌기 때문이다. 후회는 없다. 그저 그럴 운명이었던 것이다. 처분이 내려진다면 단번에 숨을 끊어주겠네. 먼저 가 있게나. 금방 따라갈 테니.

#죽음위의광기

"Ave Imperator, Morituri Te Salutant (곧 죽을 자들이 황제 폐하께 인사 올립니다)."

2천4백 년 전, 고대 로마의 원형 경기장에서 두 인간이 목숨을 걸고 싸웠다. 기원전 4세기 캄파니아가 로마 공화국의 식민지가 되면서 로마는 그 풍습을 수용했다. 검투 경기는 본래 승리를 자축하거나 죽은 이를 애도하기 위한 목적이었지만, 어느 순간 놀이이자 관례

행사, 또는 구경거리로 전락해 버렸다.

검투사들 중에는 가난보다 돈을 택한 하층민, 용맹을 과시하고 싶은 상류층, 큰 죄를 지은 범죄자 또한 분명 있었지만, 대부분 로마에 패배한 전사들이었다. 검투사 양성소 관리자는 체격 조건과 눈빛만 보고도 검투사로 오래 살아남을지 가늠할 수 있었고, 일정량의 돈을 주고 그들을 사들였다.

그들에게 불편한 잠자리, 빈약한 식사, 교관들의 매질과 폭언은 일상이었다. 하지만 중요한 것은 살아남는 일이었다. 검투 대회가 열릴 때마다 20명 이상 죽어갔고, 1년 이내에 대부분 사망했다. 5년이 지나면 자유민 신분을 찾을 수 있었지만 이는 거의 손에 꼽을 일이었다. 기원전 65년에는 율리우스 카이사르가 640명의 검투사를 끌어모아 대규모 투기 대회를 개최했는데, 이 잔인한 대회의 목적은 정치 홍보를 위해서였다. 타투스 황제 때는 하루에 5천 마리의 맹수가 죽어 나갔다고 하니, 콜로세움의 광기가 하늘을 물들일 정도였다. 그렇지만 어쩔 수 없는 일이었다. 검투사 대부분은 전쟁에서 진 포로들이었고, 그들의 신분은 노예였다.

노예

흐르지 못하는 슬픔이 하늘에 배어 있다

채찍 소리가 울려 퍼진다. 서늘한 빛 한 점이 헛간 문틈으로 들어온다. 지독히도 반복되는 새벽이다. 쓰라린 몸을 억지로 일으키면 감독관이 욕지거리로 아침 인사를 한다. 제일 느린 녀석에게 날카로운 채찍질이 가해지고, 연약한 살점이 곳곳에 튀어 오른다.

끝이 없는 사탕수수밭이 보인다. 수수를 베고, 자르고, 껍질을 벗겨 내어 더미 위에 올려둔다. 그것이 전부다. 기계처럼 움직인다. 감정은 없다. 인간적인 부분은 수숫단처럼 잘라 낸다.

조금만 게으른 모습을 보이면 즉시 채찍이 날아온다. 팔다리를 때려 가며 부지런히 움직인다. 감독관은 의자에 앉아 엄한 눈빛으로 우리를 감시한다. 햇빛이 강해지고 그림자는 짙어진다. 무리하게 일한 어린 아이들이 픽픽 쓰러진다. 그렇게 죽어 나간 노예가 벌써 수십 명에 이르렀으니, 흐르지 못하는 슬픔이 하늘에 배어 있다.

쉼 없이 일을 한 후에는 걸쭉한 개죽 한 그릇이 손에 쥐어진다. 윗분들이 먹다 남은 고기, 채소 찌꺼기에 콩을 넣어 푹 끓여 만든 것이다. 한 방울도 남김없이 비워 낸다. 천천히 목구멍에 있는 맛을 음미한다. 금세 소화가 되었는지 이놈의 배는 제 분수를 모르고 다시 꼬르륵 고파 온다.

노예는 재산이다. 살아 있는 물건이다. 인간으로 태어났지만, 인간이 아니다. 이 저주는 자식의 자식까지 대대로 이어진다. 그 사실은 꽤나 끔찍한 일이기에 누군가를 사랑하지 않는 것이 좋다. 스스로에게 금제를 내린다. 언제나 그렇듯 선택권은 없다.

슬픈 노을이 아름답게 진다. 왠지 모르지만 오늘따라 한 줄기 눈물이 흘러내린다. 태어난 것이 문제인가? 이렇게 생긴 것이 문제인가? 우리의 삶은 이곳에서 이대로 끝나는가? 나는 안다. 먹고, 자고, 입는 것 모두, 저들은 끊임없이 우리와 다르고자 노력하지만, 나는 느낀다. 그들과 우리는 결코 다르지 않다는 사실을. 그들도, 나도 알고 있다. 그렇기에 나는 포기하지 않는다. 꺼져 가는 불씨라도 좋다. 한번은 불타올라 이곳을 빠져나갈 것이다. 노예가 아닌 인간으로 살아갈 것이다.

창고로 불려가 일렬로 선다. 각자 얼마나 수수를 베고 쌓았는지 검사하는 시간이다. 평균치를 달성하지 못하면 그 자리에서 채찍 40대를 맞는다. 사정이 있고 억울해도 입을 닫아야 한다. 말을 하면 채찍이 두 배로 가해지는 것을 종종 봐왔기 때문이다.

씻는 것은 일주일에 한 번뿐이다. 지독한 악취, 곪아 터진 상처, 쓰라린 몸은 익숙하다. 헛간에 다시 우르르 들어간다. 좁고 딱딱한 바닥에 누워 서로의 체온을 나눈다. 누군가 들어오고 나가는 소리가 들려온다. 분명 여자 노예들이 어디론가 불려 가는 소리다. 몸을 뒤척인다. 피 썩는 냄새가 스멀스멀 코끝으로 스며들어 온다.

#인간아닌인간

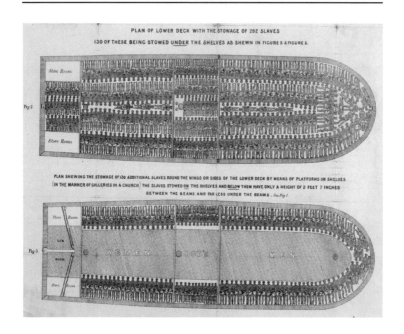

노예 무역선 최대한 많은 노예를 싣기 위해 인간을 물건처럼 쌓아 올렸다

1만 년 전 인간에게는 소유의 개념이 생겨났다. 이른바 농업 혁명이 일어나면서 사실상 영토, 식량, 가축을 가질 수 있게 된 것이다. 실은 그러한 권리는 어디에도 없었는데도 말이다. 인간 또한 예외는 아니었다. 고대 이집트, 중국, 그리스, 로마, 인도에는 모두 노예 제도가

있었다. 소유의 개념이 땅과 가축, 식량에만 그치지 않고 같은 인간에게도 적용된 것이다. 노예제는 2백 년 전까지만 해도 아주 당연한 것처럼 여겨졌다.

노예 대부분은 전쟁에서 진 인간 무리였다. 한 무리가 다른 무리를 정복하고 노예로 쓰는 데 죄책감 따위는 없었다. 포로로 잡힌 이들은 노예가 되어 끝이 안 보이는 참담한 삶을 살아갔다. 주인은 그들의 생과 사를 쥐고 노동은 물론, 무자비한 폭행과 성폭행도 서슴지 않았다. 그들은 인간이 아닌 물건에 가까웠다.

17세기 무렵, 아프리카 노예 무역선의 흑인 노예들은 말 그대로 물건 형태로 팔려 갔다. 좁은 창고에 갇힌 수백 명의 노예는 제대로 먹지 못하고 한 달 동안 버텨야 했다. 항해가 예정보다 길어져 식량과 물이 부족해지자, 133명을 골라 물에 빠뜨리기도 했다. 1526년부터 1867년까지 약 1천3백만 명의 노예가 다른 나라로 실려갔고, 이들 중 약 2백50만 명이 바다에서 생을 마감했다. 하지만 도착 이후에 끝없는 사탕수수밭을 경작하면서, 얼마나 많은 이가 죽어 나갔을지 생각하면 눈앞이 캄캄하다. 그들의 생은 하루살이와 같았고, 죽음보다 더 고된 삶을 살아갔다. 식민지라는 이름하에 모든 것이 참으로 쉽게 이루어졌다.

한편, 이토록 비참하고 고통스러운 세상에서 잠시 벗어나고자, 가부좌를 한 채 눈을 감고 수양하는 이들이 있었다.

수행자

나를 보는 눈동자가 된다

마음을 세운다. 허리를 펴고, 가부좌를 튼다.

세상은 고통으로 가득하다. 굶주림으로 고통받는 자, 타인으로 고통받는 자, 전쟁으로 고통받는 자, 살인으로 고통받는 자, 살아 있음으로 고통받는 자. 그 때문에 나의 마음도 고통으로 가득하다. 슬픔으로 가득하다. 번뇌로 가득하다. 하지만 나는 벗어나는 법을 안다.

본다. 보는 것에 집중한다. 하나하나 세세하게 관찰한다. 눈에 보이는 그것. 세상의 선, 사물의 모양, 빛의 그림자까지. 있는 그대로 상을 받아들인다. 잠시 동안 그 상태를 음미한다. 생각하지 않고, 가만히 본다.

듣는다. 눈을 감고 듣는다. 듣는 것에 집중한다. 귓속으로 들어오는 미세한 소리를 감지한다. 고요함과 시끄러움, 조용히 떨리는 공기의 진동, 저 멀리 부서지는 바람의 파동. 소리 없이 들리는 자연의 지저귐까지 받아들인다. 있는 그대로. 잠시 동안 그 상태를 음미한다. 생각하지 않고, 가만히 듣는다.

호흡한다. 숨이 들어갔다 나온다. 집중한다. 콧속으로 들어와 머리를 타고 가슴 깊숙이 들어오는 그것을 느낀다. 다시 천천히 빠져나가는 공기의 질감을 느낀다. 들숨과 날숨 그 자체에 집중한다. 온몸으로 퍼져 나가는 숨을 느낀다. 전신에서 빠져나가는 탁한 기운을 느낀다. 있는 그대로. 잠시 동안 그 상태를 음미한다. 생각하지 않고, 가만히 호흡한다.

느낀다. 온몸의 촉감을 곤두세운다. 옷의 질감, 피부와 공기의 마찰, 심장의 파동까지 느껴 본다. 머리끝부터 발끝까지 모든 촉감을 느끼며 내려온다. 피를 머금은 혈관의 꿈틀거림을 느낀다. 대지를 느낀다. 땅속에 있는 모든 뿌리처럼, 나를 끌어당기는 지구의 에너지를 경험한다. 지구를 움직이는 태양의 강한 인력, 모든 별들, 은하수, 그리고 끝을 알 수 없는 경이로운 우주 속에 '나'를 느낀다. 있는 그대로. 잠시 동안 그 상태를 음미한다. 생각하지 않고, 느낀다.

다시 마음을 본다. 나에게서 빠져나와 나를 바라본다. 나를 보는 눈동자가 된다. 그저 나의 마음을 지켜본다. 생각을 그대로 둔다. 모든 생각이 다 사라질 때까지 있는 그대로. 그 상태를 유지한다. 나는 '현재'에 있다. 평화 속에 있다. 나는 살아 있다. 음미한다. 느낀다.

그저 존재한다.

#깨달음의길

마하보디 사원 부처가 깨달음을 얻은 자리에 세운, 불교의 4대 성지 중 하나

명상은 약 5천 년 전부터 이루어진 마음의 행위다. 라틴어의 어원을 보면 '생각하고, 생각하고, 생각하고, 깊이 생각하다'라는 뜻이지만, 아이러니하게도 '생각을 하지 않는 상태'로 나아가기 위한 과정이기도 했다. 그런데 명상은 왜 생겨났을까? 인간에게는 왜 이런 수행이

필요했을까? 이에 대한 답을 알려면 한 사람의 이야기를 살펴보아야만 한다.

2천6백 년 전 샤카족의 소왕국인 카필라에 한 왕자가 살았다. 그는 노인, 망자, 병자, 수행자, 백성들을 만나 인간의 생애가 고통스럽다는 것을 깨닫는다. 그는 왕자의 신분을 포기하고 이에 대한 해결책을 찾아 떠났다. 불교의 시초였다. 그의 이름은 고타마 싯다르타였으며 샤카족의 성자, '석가모니'가 되어 세상을 떠났다.

고대 사람들은 전쟁, 기아, 질병에서 자유롭지 못했고, 많은 이가 사랑하는 사람을 잃는 고통 속에서 살아갔다. 그런 면에서 석가모니의 해결책은 탁월했다. 욕심과 집착이 인간의 마음을 고통스럽게 하니, 그것을 놓아 버리고 완전무결한 상태로 나아가는 것. 자신에게서 빠져나와 제3의 눈으로 자신을 관찰하는 것. 허상을 버리고 현실을 직시하는 것. 그것이 그가 얻은 답이었다.

물론 불교만이 명상을 한 것은 아니다. 명상의 형태는 전통과 문화, 지역에 따라 다양한 방식으로 진화했다. 숨 자체에 집중하거나, 만트라(주문)를 외우거나, 특정 자세를 취하는 식이다. 또한 명상은 기도, 묵상, 사색과 일맥상통하는 면이 있다. 방법은 각기 다르지만, 자신을 관찰하고, 지금 이 순간에 집중하고, 고통에서 벗어나고자 고군분투했다는 점에서 그 모두는 수행자다. 그들은 인류가 더 나은 생각으로 나아갈 수 있는 깨달음을 얻기도 했고, 자신만의 완성된

철학을 전파하기도 했다.

그들은 수행자이기도 했지만, 동시에 철학자이기도 했다.

철학자

진실을 조각한다

철학! 철학이란 무엇인가. 나는 어떠한 삶의 근본을 갈구하는가. 빛이 내려오면 어둠이 도래하고, 강렬한 빛 뒤에 그림자는 선명해진다. 무언가를 얻기 위해 나는 무엇을 잃어버리는가. 하지만 나의 호기심은 태양보다 높고 별보다 아득하다.

가벼운 것은 무엇이고 가볍지 않은 것은 무엇인가? 옳음과 옳지 않음의 기준은 무엇이며, 선과 악은 무엇으로 구분하는가? 가벼움 속에 그 나름의 무거움이 있고, 옳은 것은 이내 곧 옳지 않은 것이 되어버리니, 선과 악도 이제는 알 수가 없도다.

삶은 매 순간 미완성인 형태로 완성되어 있고, 나는 그 속에서 진실을 찾아내려 애쓴다. 언제부턴가 이 땅 위에 내가 존재하는지도 알 수가 없게 되어 버렸다. 이곳은 실재하는 곳인가? 꿈속의 나비가 장자가 된 것이 정녕 거짓인가!

정처 없이 서가를 떠돈다. 삶의 의미는 무엇인가. 아니, 굳이 삶의 의미를 찾아야만 하는가. 의심이 진실을 찾는 것인가. 아니면 믿음이 진실을 만드는 것인가. 이 말을 들으면 이 말이 맞고, 저 말을 들으면 저 말이 맞으니. 누구 하나 거짓 없이 그 나름의 진실을 말한다고 할 수 있다. 그러므로 나의 철학은 '변덕'이다. 기준이 없는 기준. 그것이 나의 유일한 앎이자, 마음이란 땅 위에 박힌 깃발이다.

배움은 끝이 없고, 배울수록 내가 아는 것은 점점 없어진다. 인체를 탐구하던 의사처럼, 대자연을 바라보던 화가처럼, 지식을 파고들던 철학자는 겸손해진다. 세상은 넓고, 인간의 관점은 저 하늘의 별처럼 많으며, 나는 그곳에서 헤맨다. 혼란스럽고, 무지하고, 거대하다. 아는 것 같지만 실은 아는 것이 아무것도 없는 것이다.

때때로 이런 나를 원망한 적도 있다. 누구에게 이러한 이야기를 들려주면, 그는 곧 두려운 표정으로 질색한다. 대체 왜 그런 생각을 하는지 도통 모르겠다는 얼굴이다. 그들은 깊이 생각하지 않는다. 이미 세워진 율법과 가치 위에서 살아가는 것이 편하기 때문이다. 깊이 파고드는 자는 외면당한다. 하지만 멈출 수 없다. 진실을 찾아내려 하는 자들은, 그렇게 살아갈 수밖에 없는 성질을 지녔다.

보이지 않는 것을 드러내려 계속해서 조각한다. 그리고 이제는 받아들이기로 했다. 생각하는 사람이자, 고뇌하는 자.

나는 철학자다.

#고뇌하는인간

영혼의 불멸 독약을 마시기 직전, 소크라테스의 마지막 가르침 ⓒ자크루이 다비드 '소크라테스의 죽음'

2천5백 년 전, 자신과 세계를 탐구하고 통찰하는 이들이 등장했다. 턱을 괴고 고뇌하는 인간, 이른바 철학자였다.

　최초의 철학자인 탈레스는 기원전 6세기의 고대 도시 밀레투스에 살았는데, 그곳은 바빌로니아, 그리스, 이집트, 동방의 교역 중심지었다. 다양한 교역 활동 덕분에 풍요로웠던 밀레투스의 사람들은 신보다는 인간 활동에 대한 큰 관심을 가지게 되었고, 이는 세상에 대한 호기심을 불러일으켰다. 다양한 생각이 교집합으로 수렴하면서 새로운 사유와 생각이 탄생하기 시작했다. 즉, 철학이 태동한 것이다.

본래 철학은 고대 희랍어 필로소피아(φιλοσοφία)에서 유래했는데, 그 어원은 '지혜에 대한 사랑'이었다. 이는 서양의 대표 철학자 소크라테스가 처음 사용한 말이다. 그는 모든 것을 안다는 소피스트를 비판하며, 자신은 지혜를 소유하지 않고 오직 사랑한다고 말했다. 폭넓은 의미에서 세상을 바라보는 세계관, 인생관, 가치관이라 할 수 있다.

최초의 철학자 탈레스부터 소크라테스, 아리스토텔레스, 공자와 맹자, 데카르트, 니체에 이르기까지 무수히 많은 철학자가 끊임없이 본질을 찾고, 자신과 세계를 들여다보며, 모든 것에 의문을 가지고 탐구했다. 그들은 강력한 호기심을 가지고 깊이 사유했다. 그리하여 얻어낸 깨달음을 말로 전파하거나, 글로 남겨 인류를 한걸음 더 진보하게 했다.

하지만 그 과정이 결코 쉽지는 않았다. 백지 위에 생각을 말하고 써 내려간다는 것은 지독한 고뇌를 동반하기 때문이었다.

작가

핏속에서 소리가 들리기 시작했다

시작은 늘 그렇듯 백지다. 하얀 종이를 새까맣게 물들여라. 처연하게 놓인 흰 종이가 나를 섬뜩하게 조여 온다. 시간이 영원히 멈춘다. 내가 진정 하고 싶은 말은 무엇일까? 생각에 질서란 없다. 이리저리 정리되지 않은 복잡한 단어들이 머릿속에 빙빙 떠다닌다. 그것을 아름답게 완성해 내는 것은 오롯이 나의 손에 달려 있다.

진실을 쓴다. 핏속에서 들려오는 이야기를 적어 내려간다. 살아있는 글은 선명하고, 단순하며, 마음을 움직인다. 죽어 있던 이 땅 위에 기억을 되살리고, 잊혀진 인간의 감정을 다시 돌아오게 만든다. 빛나는 문장은 스스로 춤을 추고, 눈앞에서 그림을 만들어 낸다.

그렇게 듣는다. 백지 위에 앉아 경청한다. 턱을 괴고 들려오는 소리를 잡아챈다. 눈에 보이는 모든 것에 귀를 기울인다. 아무런 목소리가 들리지 않아도 좋다. 영감이 소리칠 때까지 무언가를 끊임없이 좇아라! 떠오르는 것들은 죄다 글자로 표현해 본다. 좋은 생각인지는 써 봐야 안다. 무언가 직접 해보지 않으면 온전히 느낄 수 없기에.

한 줄을 써 내려가기 시작하면 빙의가 된다. 태초에 모두가 하나였던 것처럼 알 수 없는 생각들이 쏟아져 나온다. 가장 중요한 생각은 무엇일까? 집중은 필수다. 생각의 초점을 맞추지 않는다면 결코 좋은 글은 나오지 않는다.

시간이 뚝뚝 끊긴다. 몇 줄 쓰지 않았는데, 벌써 2시간이 흘러있다. 목소리로 소리 내어 읽어 본다. 이보다 형편없을 수 없다! 작가들은 얼마나 많은 종이를 구겼을까? 휴지통에는 얼마나 많은 작품이 버려졌을 것이며, 단 한 문장을 위해 얼마나 많은 밤을 지새웠을까? 구겨진 종이 뭉치의 탑이 나를 아찔하게 한다. 절로 고개가 숙여진다. 선대의 작가들에게 경의를 표하지 않을 수 없다.

또다시 백지다. 다시 시간은 천천히 그곳에 머무른다. 처음보다는 훨씬 나은 진실이 될 것이다. 그렇게 믿는다. 뭔가 부족하다면 대장장이의 마음으로 수천 수만 번 망치를 두들겨라. 흰 종이에게 잡아먹히기 전에 펜을 놀린다. 하얀 괴물을 이기려면 일단은 시작해야 한다. 다른 '무언가'가 되어야 한다. 핏속에서 소리가 들리기 시작했다.

#하얀괴물

오디세이아 트로이 전쟁의 영웅 오디세우스의 모험담을 그린 서사시

6천 년 전, 수메르의 한 인간 무리가 문자를 만들어 쓰기 시작했다. 그들은 2.5m 두께의 나무틀에 점토를 채우고 쐐기 문자를 적어 내려갔다. 그곳에 쓰인 것은 시나 문학, 전설적인 이야기가 아니었다. 남은 식량의 숫자, 25만 거주자의 생활 기록부. 공적인 편지와 문서

들이었다. 최초의 글은 숫자로 이루어진 딱딱한 장부에 불과했다. 쓸 이야기가 없었던 것은 아니었다. 다만 당시에는 읽을 줄 아는 자가 몇 되지 않았고, 문자 체계가 지극히 단순해 다채로운 표현이 불가능했다. 굳이 시간 들여 이야기를 쓸 필요가 없었던 것이다. 하지만 문자가 발전하고 읽고 쓰는 이들이 점차 늘어나자 다양한 이야기가 쓰이기 시작했다. 신화, 경험, 문학에 이르기까지 모든 것을 적어 나갔다. 이 하얀 백지 위에 이야기를 써 내려간 인간을 작가라고 불렀다.

최초의 시인이자 작가는 고대 그리스의 호메로스로 알려져 있다. 그리스 신화의《오디세이아》를 쓴 그는 유랑하는 맹인 시인이었는데, 실존 인물인지는 아직도 의견이 분분하다. 중요한 것은 그가 남긴 이야기다. 지금까지도 그의 글이 지구상의 아이들에게 '그리스 로마 신화'라는 이름으로 읽히고 있다는 사실이다. 만들어진 이야기는 우리의 가치관에 직접적으로 뿌리내린다. 무엇이 좋고 나쁜 것인지, 무엇이 옳고 그른지가 결정되는 것이다. 심지어 우리는 스스로가 바라는 꿈이나 목표, 이성상이나 로맨스를 이러한 이야기를 통해 배운다. 범위를 좀 넓히면 국가, 종교, 이데올로기 역시 인간이 만들어 낸 이야기에 불과하다. 다만 인류가 멋진 신세계를 만들기에 더 효과적인 이야기가 현실에 남아 있을 뿐이었다.

하지만 그들의 작업이 결코 쉬운 것은 아니었다. 흰색 종이를 새까맣게 물들이는 일은 두려움과 도전의 연속이었다. 하루 평균 3~4시간씩 매일같이 의자에 앉아 글을 썼으며, 어떤 날은 한 글자도 나오지 않아 골머리를 싸매기도 했다. 영감을 받기 위해 수많은 책을 들춰 보고, 여행을 하고, 오랜 시간 사색했다. 형편없는 글이나 작품이 나오면 쓰레기통에 버리기 일쑤였다. 극단적인 경우에는 하루 40잔의 커피를 마시며 16시간을 작업하는 오노레 드 발자크 같은 작가도 있었다. 그들이 버리고 다시 쓴 종이 뭉치만 해도 지금까지 나온 책 1억 3천만 권보다 많을 것이다.

그렇게 짜내어 만든 지혜의 정수를 인류는 한 곳에 담기 시작했다.

사서

자, 티켓을 끊어줘 볼까

끝없이 늘어진 책의 탑 사이로 나는 갇혀 있다. 아니, 어쩌면 열려있다. 책 속에서 과거와 현재, 가보지 않은 미래까지 오갈 수 있으니 모든 곳의 '여행 티켓'을 가지고 있는 셈이다. 정녕 행운이다. 어떤 이가 자신의 여정을 글로 적어 내려갔다면, 나는 잠시 동안 그의 영혼에 들어갈 수 있다. 누군가 평생 동안 축적한 지식을 책으로 만들어 갔다면, 나는 잠시 동안 그의 머릿속을 빌릴 수 있다. 이와 같은 마법이 또 어디에 있는가? 그러므로 글자는 인류의 가장 큰 업적이고, 책은 그 위대한 산물이며, 이 공간은 경이롭다 할 만하다.

나는 이곳에 들르는 모든 이에게 '영혼의 여행 티켓'을 빌려주는 관리자다. 글자를 읽을 수만 있다면, 진짜 여행보다 훨씬 값싸기까지 하다. 어느 곳은 귀한 자들에게만 이곳을 개방한다던데, 이는 잘못된 정책이다. 이곳에서 책을 빌려간 이들의 눈동자를 보면, 그들의 영혼이 맑고 풍요로워짐을 느끼곤 한다. 우리는 모두 영혼을 살찌게 할 권리가 있다.

때때로 나는 사람들에게 실패 없는 여행을 추천해 준다. 힘든 책을 읽는 것 또한 자기 자신을 발견하는 과정이다. 어려운 여행지는 본디 오랜 과거에 쓰였거나, 자신과 완전히 다른 사고방식과 문화를 가졌던 이로부터 쓰인 것이 많다. 그런 것일수록 작은 우물 속 사고를 더욱 폭넓게 만들게 되니, 쓰라린 만큼 더욱 값진 영혼의 살집을 얻게 되는 것이다.

책을 좀먹는 벌레를 잡아내고, 책 위에 먼지를 털어내고, 조심스레 본래의 자리로 돌려놓는다. 할 일이 끝나면, 의자에 기대어 여행을 떠난다. 눈동자는 쉴 새 없이 굴러가고, 현재는 사라져 간다. 그렇게 나의 영혼은 미지의 세계로 나아간다.

오랜 시간 책을 보며 느끼는 것이 하나 있다. 내 착각일 수도 있겠지만, 그 모두는 환영이 아니라는 것이다. 상상력은 가짜가 아니다. 뇌의 작용만으로 설명할 수 없는 무언가가 그곳에 있다. 혹시 영혼이 실제로 그것을 보고 있는 것은 아닐까? 우리는 꿈에서 본 것을 환상이라 칭하지만, 실은 우리의 육체가 잠들었을 때, 영혼이 다른 곳의 차원을 여행하는 것은 아닐까? 그렇지 않고서야 어찌하여 본 적 없는 것을 만들고, 기억해 내고, 오갈 수 있단 말인가? 상상력은 우주의 비밀만큼이나 미스테리하다.

똑똑. 나를 여행에서 깨우는 것은 언제나 손님이다. 시계를 보니 시간이 어느새 부쩍 흘러 있다. 그런데 한아름 책 더미만 눈앞에 있을 뿐, 주위에는 아무도 없다. 어디에도 안 보여 자리에서 일어서니 어이쿠, 작은 꼬마 손님이다. 녀석의 초롱초롱한 눈동자를 보니 절로 미소가 지어진다. 자, 티켓을 끊어줘 볼까.

#영혼의타임머신

보스턴 공공도서관 중앙도서관과 24개의 분관이 있는 최초의 공공도서관

책은 지구상 가장 놀라운 발명품 중 하나였다. 인간의 언어는 날이 갈수록 발전했고, 인류는 자신들이 알게 된 기술과 철학, 생각을 그곳에 쌓아올렸다. 이는 다른 동물이 가지지 못한 엄청난 협력이자 집단 지성의 시발점이었다. 우리는 책을 통해 과거에 어떤 이가 가

본 길을 손쉽게 경험하고, 전수받고, 느낄 수 있게 된 것이다.

하지만 서가의 혜택을 누린 것은 권력을 가진 소수에 불과했다. 또한 지금처럼 개방된 시설이 아닌, 아무나 들어갈 수 없는 금기의 영역이기도 했다. 서가를 개방한다는 것은 과거의 모든 지식과 지혜의 힘을 내어 준다는 의미였으니, 당시로서는 그만큼 위험한 것도 없었을 것이다. 높은 자리에 앉아 있는 자는 그 자리에서 내려오고 싶지 않았고, 그 이기심은 가문 대대로 이어졌다. 또한 고대에는 책을 복제하기가 어려웠기 때문에 매우 귀한 문화재로 취급했고, 책이 단 한 권뿐이라면 당연히 소중히 할 수밖에 없었다.

1882년 보스턴에 최초의 공공도서관이 생겨났다. 그렇게 인쇄 기술이 발달하고 서가를 개방하면서 인류는 더욱 성장했다. 책을 통해 놀라운 업적을 남긴 이들도 많아졌다. 그들은 말의 힘을 얻었고, 군중을 쉽게 설득했으며, 무언가 새로운 것을 만드는 데에도 탁월한 능력을 보였다. 그들은 1억 3천만 권의 책 속에서 영혼의 날개를 달고 수많은 과거를 여행하면서 미래를 엿본 것일지도 모른다.

한편, 이 놀라운 서재 속에서 작가만큼이나 고뇌하던 이들이 있었으니, 시대를 써 내려가는 그들의 이름은 '왕'이었다.

왕

- -

나의 하루는 길고도 멀다

- -

새벽 4시, 서른세 번의 파루를 친다. 통행금지의 해제를 알리는 종이다. 가엾은 백성들의 하루가 깨어난다. 대비와 대왕대비에게 인사를 올리고 나온다. 궐은 그 자태로 푸르고 찬란하나, 여전히 슬픈 기운이 감돈다. 경연에 참석하러 무거운 발길을 돌린다. 신료들의 고성이 오간다. 서로의 말을 듣지 않고, 자신의 이야기만 하기 바쁘다. 진심으로 나라를 걱정하는 자는 누구이고, 사사로운 이득을 보려고 하는 자는 누구인가? 나에게는 참으로 어려운 모양새다. 도무지 진전이 없는 토론은 제 갈 길을 잃고 같은 자리만 빙빙 맴돈다. 사방에서 침략해 오는 적국과 굶어 죽는 백성들 사이에서 우리가 해야 할 일은 무엇인가? 태어난 운명은 왕이나, 그 자리의 무게를 버텨 내지 못하는 자. 그게 바로 나다.

수라간 여인들이 찬상을 내온다. 그 색은 화려하고, 맛은 참으로 훌륭하다. 하지만 나의 속은 까맣게 타들어간다. 죄책감과 참담함이 온몸을 옥죄이고 침식시킨다. 하지만 이제 겨우 아침이다. 나의 하루는 길고도 멀다.

대신, 중신, 당상관, 경연관, 승지, 사관과의 조회를 끝내면, 오늘의 현안을 보고받는다. 전국 각지에서 올라오는 공문과 상소, 탄원이 들려온다. 절제되고 다듬어진 문자, 그 속에서 나는 글을 읽을 줄 모르는 수백 명의 곡소리를 듣는다. 내가 해야 하는 일이라곤, "그렇게 하라" 말하는 것이 전부다. 지혜가 짧으니 하나를 알면 열을 아는 통찰력이 있을 리 없다. 그저 나보다 뛰어난 승지의 말에 따를 뿐이다.

주강에 참여해 학문을 익히고, 수십 명의 관료와 신료들을 만나고 나면 다시 저녁 공부인 석강에 들어간다. 누런 하늘이 음울하게 나를 반긴다. 그릇은 작고 썩은 물은 넘친다. 허울뿐인 어린 왕은 백성들을 걱정하나, 그 물을 깨끗이 할 방도가 없다.

저녁에는 밀린 문서들을 처리한다. 정사를 돌보는 일을 하루라도 미루면 나의 결정을 기다리고 있는 상소들이 산더미처럼 늘어나고, 그리하면 나라가 제대로 돌아갈 리 없다. 모든 이의 위에 있는 자에게는 그만한 책임이 따른다.

밤에는 문안 인사를 드린 후에, 늦은 시각까지 독서를 한다. 이제야 비로소 한숨을 돌린다. 하지만 긴장을 늦추지는 않는다. 꼭두각시처럼 살다가 죽지는 않을 것이다! 내 비록 지능은 뛰어나지 않고 어린 나이에 왕이 되었으나, 노력만은 게을리 하지 않을 것이다. 가혹한 형벌을 폐지하고, 백성의 권리가 존중받는 나라를 만들 것이다. 그것이 왕인 내가 선택할 수 있는 유일한 길이다.

숨 막히는 궁궐 밖의 달이 유난히 멀어 보인다. 내 손에 잡히는 것이 참으로 없구나.

#왕관의무게

길가메시 세계 신화 사상 최초의 영웅

기원전 2600년, 스스로를 왕이라 말하고, 왕이라 불리는 자들이 등장하기 시작했다. 메소포타미아 수메르 최초의 영웅 길가메시를 비롯하여, 바빌로니아의 함무라비왕, 이집트의 메네스왕, 중국 하(夏)나라의 우왕, 고조선의 단군 등 세계 각지에서 그들은 출현했다.

약 천억 명이 지구에서 살다 간 것으로 추정하자면, 왕이라 불리는 자들은 만 명 정도에 불과했으니 그들은 가히 특별하다 할 만하다. 문명이 붕괴하고, 다시 세워지고, 지워지고, 새롭게 쓰이는 동안, 그들 또한 새롭게 교체되어 다채로운 통치 스타일을 보여 주었다. 개중에는 태어나자마자 황금을 손에 쥐고 태어난 왕도 있었을 것이고, 제 힘으로 땅과 문명을 일군 왕도 있었을 것이다. 백성의 마음을 이해하고 나라를 일군 성군도 있었을 것이고, 살인을 마다하지 않는 폭군은 물론, 왕의 무게를 견디지 못해 힘들어하던 암군 또한 있었을 것이다.

한 가지 공통점이라면, 그 자리가 결코 가볍지만은 않았다는 것이다. 조선 시대 왕의 업무는 처리하는 직무가 만 가지나 된다고 하여 '만기(萬機)'라 불렀다. 4시에 일어나 늦은 밤 11시 취침까지 식사 시간을 제외하고 16시간을 노동한 셈이다. 그들은 신하들에게 얕보이지 않기 위해 부단히도 노력했다. 특히나 어린 나이에 왕이 된 이들은 더욱 힘에 부쳤다. 왕관의 무게는 그들의 육신을 납작하게 짓눌렀고, 평균 나이 47세로 생을 마감했다.

한편, 저잣거리에서는 뱀의 눈으로 이들을 지켜보며 소리치는 이가 있었다.

광대

농담과 진실 사이를 파고든다

파리 한 마리가 귓가에서 앵앵댄다. 아이고, 아침이 왔구나. 내리쬐는 햇살에 눈살을 잔뜩 찌푸린다. 몸에서는 퀴퀴한 냄새가 진동한다. 하기야 광대가 깨끗하면 그것도 이상하지, 암. 먼지 붙은 옷을 탈탈 털고, 자리에서 일어선다.

제일 먼저 벽보를 살핀다. 왕이 벽에 똥칠을 하는지, 대신들은 고개만 조아리는지, 세상이 잘 돌아가는지. 뱀의 눈으로 입맛을 다시며 소재를 찾는다. 설렁설렁 가벼운 발걸음으로 주위를 맴돈다. 백성들이 하는 이야기를 귓구멍을 크게 열고 주워 담는다.

광대가 왜 가면을 쓰는지 아는가? 누군가를 대신하기 때문이다.

나는 옆집 순이도 될 수 있고, 앞집 만돌이가 될 수도 있다. 나는 그들이 하지 못하는 말들을 대신 해준다. 그렇기에 광대는 자신을 철저히 숨기고, 가면을 쓴다. 사람들은 가면에서 자기 자신의 얼굴을 본다.

저잣거리를 돌면 다양한 정보를 얻을 수 있다. 나는 공감을 사고파는 소리 광대다. 사람들의 공감은 어디에서 오는가? 그들이 평소에 지나치듯 하는 말에서 온다. 좌중을 압도하는 진짜배기 광대가 되려면 잘 들어야 한다. 잘 듣고, 잘 말하고, 신명나게 놀면 그것이 전부 아니겠는가.

여름에는 어촌으로, 가을에는 농촌으로 간다. 양반들의 잔칫상에도 가끔 거닐지만, 그들은 모른다. 놀이의 진짜 재미를. 공연은 혼자 하는 것이 아니라 먼지가 휘날리는 거리에서 사람들과 함께하는 것임을 정녕 그들은 모른다.

소리를 모았으니 슬슬 시작할 때다. 공연은 느닷없이 시작된다. 가면을 쓰고, 거리 한가운데를 어슬렁거린다. 꽹과리와 장구를 치며, 나 이제 시작하오! 하는 것은 신출내기나 하는 짓이다. 진정한 광대는 단번에 좌중을 불러 모을 수 있다. 단 한마디의 쾌청한 소리만으로 귓속을 휘어잡고 발걸음을 돌려놓는 것이다. 그래, 너희들이 원하는 것을 내 잘 알지. 이리 오너라, 신명나게 놀아보자.

"백성들은 굶어 죽는데, 위에서는 굿판이로구나!"

가면 안으로 구슬땀이 흘러내린다. 소리가 바깥으로 퍼져 나간다. 때로는 구슬프게, 때로는 신명나게 울부짖는다. 웃음소리가 이곳저곳에서 터져 나온다. 관객들의 반응을 하나하나 살펴 가며 농담과 진실 사이를 빠르게 파고든다.

공연이 끝나고, 근처 주막집으로 발길을 옮긴다. 막걸리를 한 사발 들이켠다. 시원하다. 백성들의 얼굴에 웃음꽃이 피면 내 역할은 그것으로 된 것이다. 그들이 잠시나마 일상의 한을 풀었다면 그것으로 충분하다. 비록 손에는 엽전 몇 푼이지만 이것만으로는 그 가치를 매길 수 없을 터다.

집은 없다. 정처 없이 떠돌다가 마땅한 곳을 찾아 대자로 눕는다. 썩 나쁘지 않다. 얼어 죽지만 않는다면 괜찮을 것이다. 귀 기울여 듣는 게 업이라면, 이 같은 떠돌이도 멋지지 않은가. 땅 밑으로 죽은 자의 소리가 들릴까 귀를 대고 눈을 감는다.

#소리수집가

재인청 광대패의 명맥을 이은 조선 최대 문화예술 기관 ©국립민속박물관 '광대패(우편엽서)'

광대가 정확히 언제 등장했는지는 아무도 모른다.《고려사》에서 광대란 '가면을 쓰고 놀이하는 사람'이라고 적혀 있다. 그들이 가면을 쓰고 극, 탈춤, 꼭두각시, 곡예, 춤 등의 재주를 부리면 사람들은 웃음을 터뜨렸다. 양반의 잔칫상이나 나라에 중요한 행사가 있을 때마다 전국을 돌아다니며 공연을 했으며, 저잣거리에 신출귀몰하게 나타나 백성들에게 즐거움을 주기도 했다. 그들은 오늘날의 연예인이었다. 하지만 품격 있는 법도과 예를 강조했던 과거에는 매우 천한 일로 간주되었다.

조선 시대의 기록을 보면, 광대는 과거를 보지 못하고, 토지 또한 가질 수 없으며, 재인촌(광대들이 모여 사는 곳)에 따로 모여 살았다고 적혀 있다. 대부분이 천민 계급이었으며 '재백정'이라 할 만큼 최하층의 빈궁과 멸시를 당하며 살아갔다. 때때로 전쟁에 인원이 부족하여 차출되기도 했으니, 얼마나 홀대받았는지 짐작할 수 있다. 그들은 신분 제도가 폐지된 1894년이 되어서야 광대 신분에서 탈출할 수 있었다.

광대는 사람들의 공감을 사고, 사회를 풍자하기도 했으며, 잠시나마 서민들의 웃음꽃을 피게 해준 중요한 업이었다. 연산군 때의 광대 공길은 임금의 면전에서 "임금은 임금다워야 한다"라고 직접적으로 말하기도 했다. 어쩌면 그들만큼 백성을 대변하는 존재는 없었는지도 모른다.

반면 중세 서양에서는 왕과 귀족에게 목숨을 바쳐 맹세하는 이들이 있었다. 그들의 화려한 은빛 갑옷은 눈부셨다.

기사

어깨와 목에 닿은 검을 기억해야 한다

잠을 깨우는 하인의 목소리가 들린다. 간신히 무거운 몸을 일으킨다. 마상 시합으로 온몸에 멍이 들었다. 귀족 여인들의 응원 소리가 아직도 귓가에 맴도는 것만 같다. 가까스로 승리하긴 했지만, 사실 내가 진정으로 바라는 건 지더라도 살아 있는 것이다.

　마상 시합의 규칙은 의외로 간단하다. 상대를 낙마시키는 것. 투구를 올리거나, 말을 해치는 것 등의 몇 가지 금지된 부분이 있긴 하지만, 결국은 떨어뜨리는 게 핵심이다. 누군가 죽거나 말에서 떨어져 다치는 것을 보며 응원을 하는 귀족 부인과 숙녀들, 허세가 가득 찬 귀족 나으리들을 보고 있노라면 참으로 멍청하기 짝이 없다. 마상 시합이란 본래 용기를 시험하기 위한 것이었는데, 광기와 유혈의 도가니로 변해 버렸다.

　기사란 그런 것이 아니다. 귀족들의 눈요기나 하라고 만들어진 하찮은 계급이 아니다. 중무장한 화려한 은빛 갑옷이나, 강하고 날카롭게 벼려진 검 따위가 아니다. 그것은 부속품에 불과하다. 진정한 기사란 정신이다. 하나의 품성이자 잘 다려진 신념이다. 지킬 수 있는 용기, 약자를 향한 정의, 예의와 충성, 겸손과 같은 삶을 살아가는 태도인 것이다. 이것을 다른 말로, '기사도'라 하는데 다들 말만 운운할 뿐, 실제로 이를 자각하고 행하는 이는 별로 없다. 이 땅 위의 모든 기사는 자신의 어깨와 목에 닿은 검을 기억해야 한다.

　칼을 무릎 위에 올려놓는다. 하인이 깨끗하게 닦아 놓았겠지만, 나는 진정한 기사이니 스스로 검을 관리하고 닦아야 하지 않겠는가. 그런 다음 투구를 눌러쓰고, 말의 안장에 몸을 싣는다. 오늘도 평상시와 같다. 영주의 명이나 짐승 사냥, 귀족 부인과 하는 시시껄렁한 농담 따 먹기가 없는 날에는 검술을 연마한다.

　세상을 떠도는 편력 기사였을 때가 확실히 편했다. 떠돌이 신세인지라 몸은 불편했지만, 마음만은 더없이 편안했다. 무엇보다 좋았던 것은 힘없고 약한 자들을 돕는 기사도를 실천할 수 있는 자유였다. 하지만 이내 돈이 떨어졌고, 이 모양새가 되었다. 하기야 일단 살아야 예술이든 신념이든, 그 무엇이라도 하지 않겠는가.

밤하늘에 별 하나가 스친다. 아름다운 여인 아리아의 얼굴이 그려진다. 기사란 자고로 지키고 싶은 여인 하나쯤 있는 법이다. 검과 방패는 없었지만 기사처럼 고귀한 정신의 여인이었다. 일생의 여자로 정했으나, 이제는 지킬 수 없게 되었으니 한심한 꼴이다.

방으로 돌아오면 하인이 검과 갑옷을 받아든다. 따끈한 물에 몸을 씻고, 침대에 앉아 책을 읽는다. 대개 기사에 관한 영웅담이다. 때때로 실재하는 현실보다 상상 속에서 배울 만한 스승을 찾는다. 기사가 똑똑해지면 신체가 허약해진다는 미친 소리가 있는데, 내게 오라. 입을 검으로 꿰매줄 테니.

촛불을 끄고 잠자리에 든다. 내 안에 불꽃은 나갈 곳 없이 점점 사그라진다.

#빛바랜검

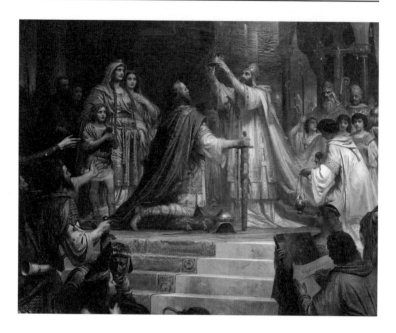

봉건제 카롤루스 마르텔의 은대지 제도는 중세 봉건제의 기원이 되었다

1천 년 전 프랑크 왕국은 이슬람 국가들과 끊임없는 전쟁을 치렀다. 당시 군주였던 카를 마르텔은 묘수가 필요했고, 이를 고심하다가 불현듯 아이디어를 떠올렸다. 그는 병사들에게 땅을 줄 테니 말을 키워 전쟁에 나서라고 지시했고, 전문화된 기병을 키워내 전투에 크게

승리했다. 이것이 중세 '기사 계급'의 시초였다.

　11세기 유럽에서는 기사도 정신이 귀족들 사이에 널리 퍼지기 시작했다. 그 뜻은 '말을 타는 자들의 규칙'이었다. 레이디에게 친절하고, 명예를 중시하며, 부녀자와 약자를 보호하는 도덕적 가치를 척도로 삼았다. 기사도가 태어난 배경에는 '십자군 전쟁'이 있었는데, 명장 리처드 1세의 낭만적인 기사 이야기 덕분이었다. 이는 당시 작가들에게 깊은 영감을 주었고, 정의롭고 로맨틱한 기사 이야기가 쓰이는 계기가 되었다. 기사도는 귀족들 사이에서 유행처럼 번져 나가 암묵적인 동의로 이어졌다. 강한 힘을 가진 귀족 기사들이 상인, 주민, 여행자들에게 통행세를 받거나 금품을 갈취하는 일이 빈번하게 일어났는데, 기사도는 이를 잠재우기 위한 조치이자, 귀족의 지위를 확고하게 하기 위한 수단이 되었다. 하지만 기사도가 생겨난 이후에도 이를 진정으로 행하는 이는 소수에 불과했다.

　반면에 귀족의 지위, 이상적인 정신, 낭만적인 이야기 속에서 싸웠던 기사와는 달리 세계 각지에서 오직 돈을 위해 싸우던 이들도 존재했다.

용병

- -

신의는 목숨으로 지킨다

고향을 떠나야 할 시간이 왔다. 타지의 전쟁이 나를 기다린다. 갑옷과 창을 닦으며 가족들의 눈동자를 들여다보면, 슬픔과 기쁨이 납작하게 깔려 있다. 칼을 차고 집을 나서면 동료 용병들이 하나둘 거리로 쏟아져 나온다. 마을 사람들은 우리들을 선망 어린 눈빛으로 바라본다. 창을 곧추세우고 가슴을 들이민다. 빨간 십자 국기가 하늘에 펄럭인다.

척박한 땅 위에 강한 뿌리가 자라난다고 했던가. 가난한 나라를 위해, 마을을 위해, 가족들의 곯은 배를 위해, 우리는 '전쟁에 나서는 자'가 된다. 그렇기에 누구보다 강하다. 세계의 날고 기는 용병들 중

최강이라 불릴 수 있는 것이다. 신념이 깃든 창은 모든 방패를 뚫을 수 있다. 어린아이, 갓난아이를 안고 있는 부녀자, 주름진 노인의 모습을 눈동자에 하나하나 담아 간다. 이제는 다시 볼 수 없을지도 모르기 때문이다. 우리는 도망칠 수 없다. 그것이 철칙이다. 신뢰는 한번 저버리면 되살릴 수 없고, 그렇게 되면 후손들에게 이 업을 물려줄 수 없기에.

그렇기에 신의는 목숨으로 지킨다.

노래가 울려 퍼진다. 아침놀이 먼 곳에서부터 드리운다. 알프스의 만년설이 붉게 물들어 갈 때 돌아오길 기도한다. 천천히, 천천히 조국의 아름다움을 감상한다. 산악으로 뒤덮인 이 황량한 땅을 사랑한다. 작지만 큰 국가가 될 것이다. 앞으로도 그 나름의 지혜로 이 척박한 땅 위에 기둥을 세울 것이다. 기둥 위의 시계는 계속 돌아갈 것이다.

머나먼 행렬 속에서 그리운 집을 떠나보낸다. 나에게도 나름의 즐거움이 있다면, 강제적이긴 해도 여러 곳을 여행할 수 있다는 사실이다. 목숨을 담보로 한 여행이지만, 그것이 운명이라면 즐기는 것이 마땅하다. 인간은 자기 합리화와 적응력 그리고 소소한 기쁨으로 기어코 살아간다.

버티기 힘든 때가 있다. 어젯밤에 함께 먹고 자던 동료가 하룻밤 사이에 적이 되기도 한다. 그럼에도 불구하고 내가 버틸 수 있는 것은 어디를 가든 그 나름의 이상을 가지고 싸운다는 사실이다. 침략

과 방어, 그것이 어떤 이유에서 시작되었는지 명확하게 알 수는 없
다. 역사, 외교, 사소한 오해 등 국가와 국가 간의 복잡한 이해관계가
얽혀 있다. 그 모두는 각자의 세상을 위해, 복수를 위해, 감당해야 할
운명을 위해 고군분투한다. 강한 힘을 가진 자가 역사에 기록될 것
이다. 그리고 삶 속에서는 자기 자신만이, 기록된 역사에서는 그 후
손들만이 그 의미를 판단해 줄 것이다. 전쟁 자체가 일어나지 않으
면 좋으련만 그런 세상은 꿈속에서나 존재한다.

모닥불 속에서 사랑하는 이들의 얼굴을 본다. 그 앞에서 치즈를 베
어 문다. 고향의 맛이 난다.

#전쟁에나서는자

빈사의 사자상 튈르리 궁을 지키다가 전사한 786명의 스위스 근위대를 기리는 조각

용병은 아주 오래전부터 존재해 왔다. 고대 이집트, 그리스, 페르시아에 그들에 대한 기록이 남아 있으며, 심지어 고대의 상업 국가 카르타고의 병력 대다수는 용병이었다.

용병과 정규군의 차이점을 하나만 꼽으라면 합당한 '대가'를 받고 싸운다는 것이었다. 그중에서도 단연 돈이 최고였다. 그들은 의뢰인이 누구든 돈만 주면 개의치 않았다. 기사나 농노만으로는 전쟁을 치르기에 한계가 있었기에, 용병의 존재가 전쟁의 승패를 갈랐다. 게르만 용병, 네팔 구르카 용병, 중국 송나라의 용병 등 수 없이 많은 용병군이 존재했고 그중에서도 단연 발군은 스위스 용병이었다. 그들에게는 강인한 전투력뿐 아니라 끝까지 지키는 신의, 죽음을 뛰어넘는 용맹함이 있었다. 그들의 땅은 알프스 산지로 매우 척박했고, 가난했으며, 늘 침략을 받고 살아왔다. 험난한 땅에서 이웃 국가와의 끝없는 전쟁은 강한 전사들을 길러냈고, 국가의 가난을 극복하기 위해 용병을 자처했던 것이다. 여타의 용병들과는 달리 가족과 국가의 생계가 걸려 있던 만큼 그들의 결의는 남달랐다. 1792년 8월 10일 프랑스 혁명 당시, 궁전에 갇힌 루이 16세를 지키기 위해 조직된 스위스 용병단 786명 모두는 끝까지 남아 싸우다 전사했다. 당시 루이 16세조차 철수를 명령했고, 혁명군 또한 항복을 권했지만 단 한 명도 응하지 않았다. 죽은 병사의 유서에는 '만약 신의를 저버리고 도망친다면, 우리의 후손들은 용병으로 일을 하지 못할 것이다'라고 적혀 있었다.

그들은 목숨을 담보로 싸웠다. 돈을 위해서였든 나라를 위해서였든 쉽지 않은 일이었음은 분명하다. 누군가를 죽여야만 살아갈 수 있었던 이들의 삶은 자유로워 보이기도, 슬퍼 보이기도 한다.

그리고 이보다 더 비참하게 누군가의 목을 쳐야만 살아갈 수 있었던 이들이 또 있었다.

망나니

모두를 대신하는 필요악의 신

나는 묻는다. 세상에 꼭 필요한 역할이 있다면 그것은 무엇인가? 신과 근접한 존재가 있다면 그것은 누구인가? 당신의 하나뿐인 솜털 같은 아이를 살해한 이가 있다면 그는 누가 벌하는가?

인간의 죄는 추악하고, 이루 말할 수 없이 비루하며, 씻길 수 없는 시뻘건 오물과 같다. 저 위에서 지시를 내리거나 지휘를 하는 자가 벌하는 것이 아니다. 그들은 제 손에 피가 묻지 않기를 원하는 겁쟁이일 뿐이다. 자신들의 영혼은 새하얗다고 생각하는 멍청한 작자들! 적어도 나는 나와 죄인에게 솔직한 존재이자, 구원의 존재인 것이다. 모두를 대신하는 필요악의 신인 셈이다.

일어나자마자 술 한 사발을 거하게 들이켜면 오후가 된다. 세상은 노랗고 빨갛게 빙빙 돌아간다. 내가 흥청망청 돌아다니는 것이, 가끔 울고 웃는 것이, 사형집행인이란 직업 때문에 미쳐 버린 줄 아는데 이는 큰 오산이다. 술을 마시는 건 기분이 좋아서고(물론 맛있기도 하지만), 가끔 우는 것은 짝사랑했던 여인네들이 떠올라서다. 도통 누구도 나와 대화하지 않으려 하니, 해명할 길이 없어 안타깝도다.

물론 정신병에 걸려 술에 찌든 망나니는 많다. 자신의 죄를 씻고자 하는 자들, 빌어먹고 살고자 하는 자들, 그런 천하디 천한 정신으로 이 위대한 업을 하는 놈들 때문에 이렇듯 오해를 사는 것이다. 그렇게 약해서야 대체 무슨 일을 한단 말인가.

누런 하늘 사이로 노을빛이 드리운다. 죄를 구원할 시간이다. 소문을 듣자 하니 아이를 둘이나 살해한 극악무도한 놈이렸다. 구경꾼들이 몰려든다. 저 멀리 서글피 울고 있는 희생자의 가족들이 눈에 밟힌다. 그들에게 위안 삼을 만한 게 있다면, 바로 나의 칼이리라. 죄인의 얼굴에 회칠을 하고, 양쪽 귓불을 뚫어 화살을 끼운다. 참수검이 빙빙 돌아가고, 단칼의 놈의 목을 친다. 새빨간 노을이 진다. 누런 그림자가 세상에 드리운다.

숙련된 솜씨로 단칼에 끝내면, 죄인의 가족들은 나에게 사례를 한다. 돼지나 곡식, 술과 식량이다. 술에 취해 힘이 덜 들어가거나, 빗나가는 놈들이 워낙 많다 보니 생긴 보상이다. 위에서는 제 손을 더럽

히지 않은 대가로 형을 치른 날에는 잔칫상을 차려주기도 한다. 나야 고맙고 반가운 일이다.

거하게 먹은 뒤에는 집으로 꼭 돌아간다. 원한을 품은 이가 많아 늘 조심해야 한다. 조언을 하나 해주자면, 손에 피를 묻히면 묻힐수록 사지 육신을 예민하게 하라. 그리고 칼을 항상 옆에 두어라. 언제 목이 날아갈지 모르니.

꿈자리가 사납기 그지없다. 귀신으로 온다면 다시 참수를 해줄 것이고, 꿈에서 온다면 시달릴 수밖에 없구나. 위대한 업은 참으로 고된 일이다. 먼 세상에는 나의 역할이 사라질까? 나는 가만히 칼등을 쓰다듬어 본다.

#필요악의신

단두대 조제프 기요탱이 고안한 처형 기구로, 1977년을 마지막으로 사용이 중지되었다

그들이 언제부터 나타났고, 어디서부터 왔는지는 기록이 없다. 추측하건대 머나먼 과거, 법이 제대로 들어서지 않았을 때에는 인간은 누군가를 죽이는 일에 어려움이 없었을 것이다. 생존하기 위해서는 누구나 해야 하는, 당연시 되는 일이었기 때문이다. 원시 부족에 대

한 기록을 보면 아이를 제사에 바치거나, 같은 인간을 먹거나, 다른 집단을 몰살하는 일이 일상다반사였다. 그러니까 과거의 인간에게 살인이란 밥 먹듯 일어나는 것이었다. 하지만 7~8세기 이후 다양한 이데올로기가 들어서면서 인간은 고귀함을 추구했고, 더 이상 제 손에 피를 묻히고 싶지 않았다. 그러면서 자연스럽게 등장한 것이 사형 집행인, 즉 '망나니'였다. 그들이 하는 일은 '사람을 대신 죽여주는 일'이었고, 대개 중죄인의 목숨을 앗아가는 역할을 했다. 살인까지도 분업화하는 시대가 들어선 것이다.

망나니들의 대우는 좋지 못했다. 그들 대부분은 죄인이나 천한 신분이었다. 아무도 가까이 하려 하지 않았으며, 무척이나 천대받는 존재였다. 특정 나라에서는 일반인과의 겸상을 금할 정도였다. 그들은 사람들과 멀리 떨어진 곳에 살았고, 교회에서조차 지정된 자리에만 앉을 수 있었다. 그들 대부분은 술주정뱅이에 정신병을 앓았는데, 외톨이에 사람을 죽이는 끔찍한 일까지 했으니 어찌 보면 당연한 일이었다.

현대에 와서는 감옥에서 죄수들을 사형하는 새로운 사형집행인이 등장했다. 그들은 사형수의 목에 줄을 걸거나, 교수대의 레버를 당기거나, 전기의자의 버튼을 눌러 죄수를 사형했다. 그러나 그 또한 대부분이 버거워했고, 정신병과 죄책감을 가지고 자살하는 일이 빈번했다.

그러나 사형 제도의 옳고 그름을 떠나, 당시 사회에서는 누군가 꼭 해야 할 일을 그들이 맡았을 뿐이었다.

한편, 그들이 필요하지 않을 정도로 세상은 검은 그림자가 짙게 내려앉았다.

흑사병의사

진정 지옥이다

온 세상이 어두워진다. 사람들의 몸은 용광로처럼 뜨겁고, 살덩이는 검은 재처럼 타들어간다. 호흡은 가빠지고, 잘 걷질 못하며, 입에서는 피가 흘러나온다. 서로를 죽이는 인간에게 드디어 신이 벌을 내리는가.

거리는 온통 시체로 가득하다. 쥐와 벼룩이 그들 사이를 뛰어다닌다. 고통 어린 신음들이 나를 괴롭게 한다. 장례식은 끊이지 않고, 그곳에 참석한 이들도 며칠 후에 같은 죽음을 맞이한다. 서혜부와 겨드랑이에 짙은 반점들이 끊임없이 전염된다. 저주는 불과 3일 만에 인간을 고통스럽게 죽여 버린다. 이 땅 위에 악마가 음산하고 빠르게 내려앉았다.

죽은 자나 병자가 머물던 집에 유황가루를 뿌리고 향으로 소독을 한다. 건강한 자들과 병든 자들을 신속하게 격리한다. 그들이 사용하던 물품들은 즉시 소각한다. 전염에 노출된 집들을 22일간 폐쇄하고 병이 다른 곳으로 옮겨가지 않도록 한다.

사람들은 서로를 믿지 않게 되었다. 접촉은 살인 행위로 간주되어 모임은 해체되고 소통은 단절된다. 성문은 모두 폐쇄된다. 상업 활동 또한 금지된다. 인류는 죽음의 공포에 얼어붙었다. 생존을 갈구하는 자들은 숲과 산으로 도망치지만, 그곳이라고 안전한 것은 아닐 것이다.

병원은 온통 고통의 절규로 가득 차 있다. 진정 지옥이다. 부풀어 오른 혹을 칼로 찌른다. 고름을 빼낸다. 그러나 거기까지다. 더 이상의 조치는 없다. 살려달라 애원하지만 나는 고통을 줄여 주는 것 외에 해줄 것이 없다. 의사로서 끔찍한 일이다.

들리는 소문에 의하면 옆 동네의 의사들은 모두 죽었다고 한다. 언제 저 끔찍한 검은 반점이 내 몸에 새겨질지 모른다. 그날이 오기 전까지 한 가지 소원이 있다면, 병의 원인만이라도 알아내는 것이다. 기왕 죽을 것이라면 모두를 살릴 수 있는 실마리를 전하고 죽는 것이 낫지 않겠는가.

금요일 밤이다. 성당에는 신께 간구하는 자들로 넘쳐난다. 십자가 아래에서는 처연한 빛이 흘러나온다. 그 모습을 애틋하게 바라보는데 천천히 성당 문이 열린다. 사람들이 하나둘 맨발로 나와 거리를 걷는다. 그들은 성서를 손에 들고 신께 구원을 청한다. 나는 잠시 눈을 감고 그들과 함께 기도를 한다. 순간, 볼이 따끔하다. 손으로 뺨을 때리자 무언가가 톡 하고 터져 나온다. 피가 손바닥 위로 진하게 번져 나온다.

벼룩인가?

#검은사신

흑사병의사 새 부리 가면을 쓴 모습으로 묘사된 17세기의 그림

흑사병은 1346년부터 1353년까지 유행한 중세 유럽 최악의 질병이었다. 페스트균에 의해 발생하는 급성 전염병으로, 쥐나 벼룩을 숙주삼아 사람에게 전염되었다. 페스트의 어원은 본래 전염병을 뜻했지만, 당시 기억이 너무도 처참해서 흑사병만의 고유 명사가 될 정

도였다. 전염된 사람들은 전신에 검은 반점이 생기고 몸이 검게 썩으며 죽어 갔다. 죽음까지 이르는 시간은 약 6시간 정도로 지금까지 발견된 전염병 중 가장 빠르게 생명을 앗아갔다. 얼마나 지독했던지 지구상에 약 1~2억 명이 목숨을 잃었으며, 이는 당시 인구의 40%에 해당하는 숫자였다.

흑사병이 돌기 시작하면서 이를 전담하는 의사들이 등장했다. 그들은 가면을 쓰고 환자를 격리했으며, 나름의 방역 조치를 취했다. 하지만 그마저도 점차 소용없다는 것을 느끼고 자신에게 병이 옮길까 치료를 거부하기도 했다. 인류는 두려움에 떨었고, 원인도 모른 채 죽어갔기에 거리에는 신께 간구하는 자들로 넘쳐났다. 실은 중세의 더러운 환경에서 비롯된 병인지도 모른 채 말이다. 짐작이 안 간다고? 그렇다면 다음 인간의 말을 들어보자.

이동변소꾼

세상에서 가장 고풍스런 변소 왔소이다!

도무지 냄새를 참을 수 없어 자리에서 일어선다. 도대체 이 도시는 언제 깨끗해질 것인가? 코끝이 민감하게 태어난 나로서는 스멀스멀 퍼져 오는 이 꼬릿꼬릿한 냄새에 미칠 노릇이다. 손에는 빈 양동이 두 개를 꽉 쥐고, 어깨에는 긴 가죽 외투를 두르고 집을 나선다.

거리에는 변이 가득하다. 공원, 골목길, 심지어 벽에도 덕지덕지 오줌과 똥이 칠해져 있다. 매번 보는 일이지만, 눈살이 찌푸려진다. 나는 결벽증에 걸린 환자처럼 익숙하지 않은 거리를 빠르게 가로지른다.

인상을 잔뜩 찌푸린 채 박람회장으로 간다. 일찍 자리를 잡아야 다른 변소에게 손님을 뺏기지 않는다. 시간이 지나고, 토실토실 살찐 귀부인들이 하나둘 나오면 큰 소리로 외친다. "이 양동이와 외투를 보십시오! 세상에서 가장 고풍스런 변소 왔소이다!" 나의 히든카드는 황금빛 양동이와 고급스런 무늬의 외투로, 지난밤 섬세하게 한 땀 한 땀 손으로 만들었다. 귀족들은 무엇보다 허세가 가득하니 이 정도는 돼야 오는 것이다. 고객의 마음을 잘 알아야 변소도 성공하는 법이다.

아직 화장이 서툰 앳된 부인이 안절부절 걸어온다. 금빛 목걸이와 손발에 달린 치렁치렁한 보석을 보아하니 재력가 집안의 귀부인이 분명하다. 두둑한 팁을 기대하며, 근사한 말투로 양동이로 자리를 안내한다. 부인은 엉거주춤한 자세로 새하얀 엉덩이를 드러낸다. 그러면 나는 외투를 길게 둘러 귀부인의 대사를 가려 준다. 민망한 소리가 몇 번 크게 울려 퍼진다. 거사가 끝나면 부인은 근엄하고 도도한 표정으로 두둑한 팁을 주고는 유유히 사라진다.

그렇게 박람회장과 시장을 오가며 귀족들의 거사를 치러 주고 나면 날이 저문다. 그러면 나는 거리에서 하층민이나 평민들에게 무료로 이동변소를 개방한다. 대부분의 이동변소꾼들은 귀족들만을 대상으로 장사를 하지만 나는 근본이 다르다. 거리의 똥을 줄여 나가기 위한 위대한 신념을 가지고 있는 것이다. 양동이가 비어있으면, 곳곳에 냄새가 독한 변들을 담아 가기도 한다. 쏟아지는 냄새를 줄

일 수 있다면, 그것이 무엇 어렵겠는가.

어둑어둑한 저녁, 양동이에 담긴 변들을 처리하고 집으로 돌아간다. 해가 완전히 지면 냄새가 점점 사라진다. 거리에 열이 식기 때문일 것이다. 도착하자마자 근처 강가에서 양동이를 씻고 외투에 튄 오물을 제거한다. 더럽다고 하면 더럽겠지만 사실 이것만큼 진실된 것도 없다. 사람과 변은 떼려야 뗄 수 없는 관계이니 말이다.

촛불을 끄고 몸을 누이며 냄새가 없는 세상을 상상한다. 그리 된다면 거리는 깨끗해지고, 나의 코도 더 이상 괴롭지 않을 것이다. 참으로 이루어질 수 없는 꿈이다.

#똥의철학

중세의 길거리 위생 시설이 미비했던 중세 유럽에서는 거리에 오물을 버리는 일이 많았다

만약 중세로 시간 여행을 할 수 있다면 무엇이 가장 놀라울까? 낭만적 거리와 우아한 고전미, 기품 있는 거리를 생각했다면 큰 오산이다. 중세의 거리에 도착하면 가장 먼저 악취가 당신의 코를 괴롭힐 것이다. 현대의 기준으로 본다면 중세는 매우 더럽고 살기 힘들었던

곳임은 분명하다. 중세 시대에는 제대로 된 화장실이 없었기 때문이다. 오히려 고대 수메르 문명이나 이집트, 로마에는 상하수도 시설을 갖춘 화장실이 있었던 것으로 보인다. 그런데 로마가 멸망하고 중세로 접어들면서 용변과 오물은 길가의 하수로를 통해 버려졌다. 공원이나 좁은 골목길, 강가 등에 버리기 일쑤였는데, 술에 취하지 않았어도 거리에 용변을 보는 행위가 아주 자연스러웠던 것이다. 특히 17~18세기에 급격히 늘어난 인구로 인해 도시는 악취로 진동하게 됐다. 그런 와중에 프랑스에는 지금은 상상도 할 수 없는 직업이 등장하는데, 이름하여 이동변소꾼이었다.

그들의 등장은 보통 사람들을 위한 것이 아니었다. 그들은 두 개의 양동이와 두꺼운 외투를 걸치고 돌아다니며 고객을 유치했는데, 놀러 나온 귀족들이 그 대상이었다. 귀족들이 서민처럼 아무 곳에나 용변을 해결할 수 없었기 때문이었다. 이동변소꾼은 그들의 고매한 품격을 지키기 위해 존재했다.

그들은 무도회장이나 극장 앞에서 기회를 노렸다. 귀족들이 우르르 몰려나오면 표정이 심상치 않은 부인들에게 "용변 보세요!" 하고 크게 외쳤다. 손님이 오면 양동이를 바닥에 놓아준 뒤, 두꺼운 외투로 거사를 가려 주었다. 지금 생각해 보면 참으로 우스꽝스러운 광경이 아닐 수 없다.

18세기 말 중세에 공중위생 시설 설치에 관한 법령이 지정되고,

화장실이 설치되면서 그들은 점차 사라졌다. 현대에는 대부분의 집 집마다 쾌적한 화장실이 있고, 선진국에서는 공원이나 거리, 건물 곳곳에 무료 공중화장실이 설치되어 있다. 하지만 여전히 세계 약 24억 명은 제대로 된 화장실을 가지고 있지 않고, 이들 중 3억 명은 중세 시대처럼 거리, 강가, 철도 옆에서 배변을 해결하고 있다.

한편, 악취로 가득한 거리에서 유난히 분주하게 움직이는 사람이 있었다.

조향사

살포시 코끝으로 내려앉는다

향기가 퍼져 나간다. 그것은 역한 냄새를 없애고 우리의 코끝을 춤추게 한다. 구역질 나는 냄새를 없애고 자신을 희생한다. 거리의 오물, 끈적이는 땀, 어부의 손끝에서 나는 비린내를 아름답게 어루만진다. 짧은 생 안에서 우리는 냄새가 아닌 향기를 맡을 권리가 있다.

탑 노트, 첫 번째 향이 퍼져 나간다. 아무도 모르는 맑은 강에 이슬방울이 떨어지듯, 살포시 코끝으로 내려앉는다. 그것은 달콤하고 풋풋하다. 그렇게 향기는 기억을 되살린다. 과거의 첫사랑을 만나던 그때로 되돌아간다. 첫눈에 반한 사랑처럼, 열정적이고, 생기가 넘친다. 하지만 심장의 두근거림을 느끼기도 전에 사라져 버린다.

미들 노트, 두 번째 향은 성숙하다. 부드럽고, 깊이가 있으며, 서로를 알아 간다. 그것은 만남의 시간이자 대화의 진전을 의미한다. 매혹적인 향이 온몸 구석구석 퍼져 나간다. 코는 물론 눈과 귀, 시신경을 지나 심장을 뚫고 들어온다. 벅찬 감동이 온다. 나의 세계와 그의 세계가 교집합을 넘어서 하나가 된다.

베이스 노트, 마지막 향은 흔적을 남긴다. 꽃으로 만들어진 사슬이 몸을 감싸 온다. 그것은 때때로 무섭고, 농염하며, 끈적인다. 나도 모르는 사이 길들여진 습관이다. 이는 탑 노트가 모두 날아가 버린 후에도 남아 있는 여향이자 그리움이다. 그가 떠나간 후에도 남아 있는 흔적이자 모습이다. 노인이 떠올리는 청춘의 기억이다. 우리 몸에는 스쳐간 이들의 향이 모두 배어 있다.

이것이 나의 세계다. 내 손 안의 작품이자 예술이다. 나의 작업실에는 증류기, 압착기, 구불구불한 나선관, 분쇄기와 거품을 걷어내는 그물 국자가 쉴 새 없이 움직인다. 꽃에서 추출한 떡갈나무 이끼의 파우더, 시베트 알갱이, 아이리스, 황단, 기름골, 계피, 클로브 꽃봉오리 등이 제 차례를 기다린다. 이곳에서 향수는 하나의 음악으로 태어난다. 음악이 연주되면 만남과 이별, 사랑의 기억을 되살리고, 이야기를 만들어 낸다.

코끝의 상상은 제 끝을 모르고 퍼져 나간다. 현실의 세계는 유한하지만, 향의 세계는 무한하다.

#향의세계

조향사 기원전 4세기, 백합 향수를 만드는 이집트인

향수는 인류가 최초로 사용한 화장품이다. 5천 년 전, 한 이집트인이 나무를 태우다 향기로운 냄새를 맡았고, 이를 신에게 바치기로 했다. 그렇게 오랫동안 향은 제사를 지낼 때, 신과의 교감을 위한 신성한 재료로 사용됐다. 그리고 인간들은 그것을 자신의 몸에 바르기 시작

했다. 이집트인은 뜨거운 햇빛에 피부가 그을리지 않게 하기 위해 기름을 몸에 발랐는데, 이 기름에 꽃과 식물을 섞어 천연 향이 나게 했다. 클레오파트라는 손에는 장미, 크로커스, 제비꽃 기름인 키아피를, 발에는 꿀, 오렌지 꽃, 아몬드 기름을 발라 향을 냈으며, 고대 그리스의 남자들은 머리, 피부, 옷에 각각 다른 향수를 사용했다.

그들은 왜 그렇게 향에 집착했을까? 이는 악취에서 비롯되었다. 과거에는 샤워나 목욕을 제대로 할 수 없었고, 대체 수단으로 악취 위에 강한 향기를 덮어씌운 것이다. 향수의 본격적인 발전은 17세기 프랑스에서 이루어졌는데, 당시 가죽 제품에서 나는 특유의 악취를 제거하기 위해 사용했다. 그들은 무두질에 사용하는 오줌의 역한 냄새를 없애기 위해 자신의 몸과 가죽에 향료를 뿌렸다. 거리는 똥과 오줌, 쓰레기로 가득했으니 사실상 향수는 필연적인 것이었다.

그런 면에서 조향사는 아주 오래전부터 존재해 온 직업이었는지도 모른다. 그들은 눈이 아닌 코로 세상을 보았다. 마리 앙투아네트의 조향사였던 장 루이 파르종을 재해석한 《향수의 기억》에는 "향수는 보이지 않는 것의 현재형이며, 다시 만나는 기억"이라 적혀 있다. 그의 작업실은 늘 쉴 새 없이 돌아갔고, 향을 내는 재료들로 가득했으며, 더 아름다운 향을 내기 위해 연구에 연구를 거듭했다. 향수 하나를 만드는 데 서른 개에서 많게는 몇백 가지의 원료가 들어갔으며, 최적의 향을 내는 데 3년에서 15년이 걸린 향수도 있었다. 그들에게 향이란 기억이자, 삶의 예술이며, 무한한 상상력이었다.

인류의 아름다움을 향한 행진은 끝나지 않고 계속되었다. 코가 아닌 귀로 세계를 만드는 이들의 등장도 그 무렵이었다.

작곡가

비밀은 자연에 있다

나를 부르는 작은 소리, 은은한 새벽 향기, 손끝에서 살아 있는 공기가 느껴지면, 서둘러 나갈 채비를 한다. 숲이 나를 부른다. 가장 비싼 앞좌석에 앉으려면 지금 나가야 하는 것이다.

해가 떠오르기 전, 아직 색을 머금지 못한 숲은 영롱하다. 새벽 산책, 이 시간은 중요하다. 나의 음악적 영감은 모두 이곳에서 오기 때문이다. 비밀은 자연에 있다. 어쩌면 나는 평생 이곳의 소리를 훔치고 있는지도 모른다.

천천히 숲속을 거닌다. 그러다가 한 줌 바람이 숲을 스치고, 어디서 들려오는지 모를 신비한 새들의 지저귐이 섞이면, 아름다운 숲속

오페라가 시작된다. 귀는 황홀한 연주에 심취하고, 발은 음악을 따라 정처 없이 춤을 춘다. 따스한 빛의 화가는 숲속을 이리저리 헤집고 다니며 꽃과 나무에게 색을 덧칠한다.

나는 나뭇잎 밟는 소리로 연주에 동참한다. 휘파람을 불어 화음을 쌓기도 한다. 그러면 숲은 더욱 아름답고 청아한 메아리로 화답하기에, 나는 그들을 사랑하지 않을 수 없다. 숲은 해마다, 계절마다 새로우니 지루할 틈이 없다.

새벽 산책을 마치고 집으로 돌아와, 얼른 마음에 담은 자연의 소리들을 음표로 풀어놓는다. 내가 느낀 모든 것을 하나하나 세심하게 악보에 담는다. 누군가 글씨로 일기를 남기듯, 나는 음표로 일기를 남긴다.

악보의 초안이 완성되면 피아노로 자리를 옮긴다. 지도를 만들었으면 그 길을 가봐야 한다. 천천히 걸어야 행복한 길이 있고, 질주해야 제맛인 길이 있다. 때로는 천천히, 때로는 빠르게 걸음을 조절하고, 그에 맞는 꽃과 나무, 사람을 음표로 그린다. 나의 감정을 곳곳에 넣으면서 수백 번, 수천 번을 반복하며 완벽한 흐름을 창조한다.

누군가에게 이것을 들려줄 것을 상상하니 가슴이 벅차오른다. 내가 느낀 것을 전달하기에 음악만큼 강력한 것이 또 있을까. 음악은 감정을 움직이고, 아름답던 추억을 떠올리게 하며, 영혼 깊숙이 들어가 행복을 되살려 낸다. 잠시 눈을 감고 피아노 소리를 들어보라. 금세 새로운 세상이 펼쳐지지 아니한가.

낮과 밤이 바뀐지도 모른 채 하루가 지나간다. 몰입은 극도의 쾌감을 전달한다. 음악과 내가 하나되는 순간이다.

작업을 마치고, 우유 한 잔을 마시고 침대에 쓰러진다. 머릿속과 손가락 마디마디, 내 영혼 깊은 곳에서는 아직도 음악이 흐르고 있다. 내일은 어떤 숲의 노래가 나를 기다리고 있을까. 벌써부터 심장이 빠르게 뛴다.

#숲속오페라

세이킬로스의 비문 기원전 2세기에 새겨진 가장 오래된 악보

최초의 악기는 언제 탄생했을까? 약 4만 3천 년 전의 것으로 추정되는 슬로바키아 디제바베 동굴에서 곰의 넓적다리 뼈로 만든 플루트가 발견되었다. 수메르 문명에서는 라라와 하프가, 이집트에서는 청동 트럼펫과 오보에가, 고대 그리스에서는 오르간이 연주되었다. 인

간에게 음악이란 어쩌면 매우 중요한 본능이었는지도 모른다. 그렇게 인류는 오래전부터 철썩이는 바다, 바람에 스치는 숲, 동식물이 만들어 내는 자연의 소리로부터 음악을 만들어 냈다.

처음 음악은 입에서 입으로 구전될 뿐이었는데, 기원전 1세기 이후 악보의 형태로 전해지기 시작했다. 하지만 종교가 세계를 지배했던 과거에는 신을 찬양하는 성가가 대부분이었다.

12세기부터 프랑스의 음유 시인들이 종교에서 벗어난 세속 음악을 만들어 냈다. 바로크 시대에는 오페라의 등장으로 세속 음악이 수면 위로 올라왔다. 공간과 연출, 이야기를 통해 작곡가들의 표현력은 풍부해졌고, 엔터테인먼트 요소를 갖추게 된 음악은 교회에서 궁정으로, 궁정에서 일반 대중으로 확산되었다.

이후에는 하이든, 모차르트, 슈베르트 등 17세기 고전주의 시대를 거쳐 18세기 낭만주의 시대로 들어섰을 때에는 베토벤이 그 명성을 떨쳤다. 실제로 베토벤은 숲속에 거주하며 하루 5시간 이상을 숲을 걸었다. 이렇게 자연의 영감을 받아 탄생한 곡에는 '전원 교향곡', '사계' 등이 있다. 당시 작곡가들은 자연에서 영감을 얻는 경우가 매우 많았다. 그들이 자연에서 훔친 소리는 인류에게 희망을 주고, 위로를 주기도 했으며, 황홀한 귓속 쾌감을 가져다주었다. 현존하는 최초의 악보 〈세이킬로스의 비문〉에는 이렇게 적혀 있다. "살아 있는 동안, 빛나라, 결코 그대 슬퍼하지 말라. 인생은 찰나와도 같으며, 시간은 마지막을 청할 테니.”

한편, 작곡가가 인류의 귀를 밝혀 주는 동안, 극장 한편에서 사람들의 '눈'을 밝혀 주는 이들이 있었다.

촛불관리인

어둠 속에서 세상은 드러난다

눈을 뜨면 환한 빛이 들어온다. 눈을 감으면 어둠이 드리운다. 그렇게 세상이 드러났다가, 세상이 사라진다. 당연한 눈 깜박임에 신비를 느낀다. 이른 아침 세수를 할 때, 나른한 오후에 꾸벅꾸벅 졸 때, 그리고 나의 일을 할 때 이와 같은 경험은 반복된다. 막이 올라가고 막이 내려온다. 어두웠다가 다시 환해진다.

하루의 첫 촛불을 켠다. 시간이 흐르고 심지가 길어져 그을음이 피어오르면 빠르게 검은 심지를 잘라 낸다. 촛불은 꺼지지 않았고, 언제 그랬냐는 듯 소리 없이 되살아난다. 좋다. 오늘의 운세는 이것으로 점쳐졌다. 정성스레 닦은 심지가위와 집게를 가방에 넣고 극장으로 향한다.

　누군가는 내가 하는 일이 사람들의 눈을 뜨게 만드는 것이라고 한다. 어두운 곳을 환하게 밝히는 일, 나는 촛불관리인이다. 극장과 궁정에는 수백 개의 촛불이 있다. 촛농은 금세 흘러내리고, 바닥에 닿아 그을음을 피어 낸다. 나는 촛불을 관리한다.

　극장의 막이 오르기 전, 나는 품격 있는 자세로 무대의 400개, 객석의 200개의 촛대를 하나하나 닦고 불을 밝힌다. 극장이 하나둘 밝아진다. 생과 사, 사랑과 고독이 펼쳐지는 투박하지만 아름다운 무대가 그림처럼 드러난다. 촛불의 일렁임에 기분히 묘해진다. 아무것도 없는 어둠 속에서 세상은 드러난다. 암흑 속에서 빛이 타오른다. 어쩌면 이 세상도 이렇게 탄생한 것이 아닐까?

　공연 시간이 가까워지면 옷을 갈아입는다. 극장의 촛불관리인은 배우들과 함께 무대 의상을 입어야 하는데, 무대 위로 자주 올라가기에 이질감이 없어야 하기 때문이다. 배우들이 나에게로 와 "오늘도 잘 부탁한다"는 말을 건넨다. 그러면 나는 가슴에 손을 얹고 자신감 있는 미소로 화답한다. 관리인의 책임은 실로 막중한데, 때때로 초나 촛농이 떨어져 화재가 발생하기에 이를 예방하는 일까지 포함되기 때문이다. 잘 부탁한다는 말은 관람객들이 끝까지 편안하게 무대를 볼 수 있도록 한다는 의미가 포함되어 있다.

　관람객들이 우수수 들어와 자리에 앉는다. 극이 시작되고, 나는 일을 한다. 불을 하나도 꺼뜨리지 않고 숙련된 솜씨로 촛불을 살리면, 관객들에게서 작은 박수가 터져 나온다. 그러면 배우들은 신뢰감 어린 눈빛으로 나를 바라본다. 반대로 초가 자꾸 꺼지면 맹렬한 비난도 서슴지 않는다. 실력에 따라 반응이 극과 극인 셈이다.

　모든 극이 끝날 때까지 나는 초를 지극정성으로 관리한다. 다리가 붓고, 팔이 저리기도 한다. 오늘은 다행히도 촛불이 꺼지는 일이 없었다. 다른 관리인에게 일을 맡기고 집으로 향한다. 노곤한 몸을 씻고 눕는다. 창문 밖의 세상을 본다. 세상이 어두워진다. 그러나 내일 아침은 다시 밝아올 것이다.

#작은태양

촛불관리인 가면을 쓴 관리인이 양초의 심지를 자르고 있다

초의 역사는 길다. 5천 년 전 이집트에서는 밀랍을 통해 초를 만들었고, 고대 로마에서도 쇠기름과 골풀 줄기로 초에 불을 붙였다. 그 어원은 라틴어 'Candere'로, '빛이 어른거린다'라는 뜻이다.

촛불관리인은 가스등이 발명되기 전, 중세의 '궁정 극장에서 초를 관리하던 사람'을 말한다. 공연이 밝은 낮에 이루어지던 고대 로마와는 달리, 밤에도 상영하는 극장이 생겨나면서 이들이 등장한 것이었다. 그러니까 일종의 조명 감독의 역할을 한 셈이다.

그들은 공연 시작 전 객석에 있는 300개의 초와 무대의 500개의 초를 켰으며, 수시로 심지를 관리했다. 이를 제때 해 주지 않으면 촛농이 떨어지고 그을음이 피어날 뿐 아니라, 화재 위험까지 있어 매우 중요한 업무였다. 그들은 무대와 어울리는 화려한 의상을 입고 배우로 분장하기도 했으며, 공연 도중에 촛불이 꺼지지 않게 심지를 잘라 냈다. 실제로 관객들은 불이 꺼지면 야유를 퍼붓기도 했고, 불이 꺼지지 않으면 박수를 치기도 했다. 그 또한 극장에서의 작은 묘기이자 이벤트였던 셈이다.

촛불관리인은 대부분 중년 남성이었는데, 매연과 연기에 노출된 몸에서는 항상 퀘퀘한 냄새가 났다고 전해진다. 빛을 만들어 내고, 빛을 관리하며, 때때로 사람들에게 퍼포먼스를 하는 쇼맨십도 보였으니, 중세의 '작은 태양'이라 할 만했다.

한편, 빛이라곤 한 점 없는 위험천만한 어둠 속에서 생명의 빛을 잃어간 이들도 있었다.

광부

계속해서, 계속해서 캐낸다

인간의 욕심은 끝이 없다. 오래전부터 반짝이는 광물은 인간을 유혹했다. 그러나 지구의 몸을 이리저리 헤집으면 화를 면치 못하는 법이다. 탁한 공기에 호흡기가 견디지 못해 질식사를 하는 것은 기본이고, 천장이 무너져 납작하게 깔려 죽는 것도 다반사다. 종종 동굴 속에서는 미세한 가연성 입자만으로도 불꽃이 튀어 폭발하는데, 이는 매우 끔찍한 일이라 말하기도 싫다.

어찌 이리 잘 아느냐고 묻는다면, 당연히 죽지 않기 위해서다. 광부라는 직업은 살아남을 확률이 몇 안 된다. 비록 가난한 나의 조국을 위해 일을 자처했지만, 제법 공부 좀 했던지라 최대한의 능력을 활용할 뿐이다. 그러니까 나는 동굴 속에서 인간 화석이 되고 싶지는 않다. 어디서든 잘 알아야 살 수 있다.

누군가 거만한 태도로 작업을 명령하면, 우리는 죽음을 불사하고 광물을 캐낸다. 그럴 때마다 느끼는 것인데 광산은 세상 돌아가는 사회와 직접적으로 닮아 있다. 시스템을 만드는 자들, 그것을 돌아가게 만드는 관리자들, 피땀 흘려 광물을 캐는 우리들. 인간을 도구로 한 원초적인 자본 쌓기. 가장 단순하기에 먼 옛날에도 수많은 죄수에게 광물을 캐라 하지 않았겠는가.

때때로 욕심은 살인도 마다하지 않는다. 이웃 나라를 식민지로 만들듯, 반짝이는 돌멩이를 위해 원주민을 쫓아내고 불태우는 일을 서슴없이 했다. 힘의 역사만큼이나 자본의 역사도 잔인하다. '더 많이 소유하라'는 이야기는 말 그대로 많은 것을 가져다주었지만, 다른 부분을 잃게 만들었다. 그중에서도 도덕성이 가장 먼저 제거되었을 것이다.

다른 광부들은 어떤지 모르겠지만 나는 이런 쓸데없지만 흥미로운 생각들로 동굴에서의 하루를 보낸다. 곡괭이를 들고 단단한 암석을 두들긴다. 계속해서, 계속해서 캐낸다. 똑같은 동작을 반복하다 보면 생각은 하염없이 깊게 내려간다. 곁눈질로 읽고 암기했던 학문들이 심연 속에서 차츰 다듬어진다. 곡괭이와 암석이 부딪혔을 때의 스파크처럼 깊은 통찰이 내 안에서 불꽃으로 튀어 오른다.

거무튀튀한 손에 구슬땀이 떨어진다. 뱃가죽은 등과 붙어 고통을 호소한다. 일단은 살아야 한다. 귀를 쫑긋 세우고 코끝은 민감하게 만든다. 땅의 소리와 냄새를 잘 맡다 보면 조금은 살 확률이 높아질 지 모르니까.

#동굴속하루살이

군함도 600여 명의 조선인 노동자가 강제 징용된 섬으로, 2015년 세계문화유산에 등재됐다

인간은 광물을 언제부터 캐냈을까? 그 서사는 꽤나 오래전으로, 4만 3천 년 전에도 광산은 존재했다. 구석기인들은 아프리카에 있는 가장 오래된 광산 '라이언 케이브'에서 적철광을 캐냈으며, 네안데르탈인은 헝가리에서 부싯돌을 캐냈고, 고대 이집트인들 또한 시나이 반

도에서 터키옥을 채굴한 흔적이 있다. 인간은 땅속에서 무언가를 캐내 무기나 도구를 만들고, 유용한 에너지로 썼으며, 금으로 장식을 만들어 목에 걸었다. 하지만 초기 문명과 달리 광부의 운명은 점점 몰락해 갔다. 부르주아나 몇몇 소수의 부를 쌓아올리기 위한 수단으로 악용된 것이다. 물론 그들은 멀리서 지켜만 볼 뿐, 단 한 개의 광석도 캐지 않았다. 그들은 죄수, 식민지 노예, 하층민을 이용해 배를 불렸다. 일본은 미이케 탄광에 조선인 9천여 명을 데려가 노동시켰다. 16세기 초 남미를 정복한 스페인은 인디오 원주민을 강제로 대려와 혹독한 환경에서 광물을 캐게 했다.

광부는 여자나 미성년자는 할 수 없을 정도로 위험한 직업이었다. 지반이 무너져 흙과 돌무더기에 깔려 생매장을 당하거나, 가스나 분진으로 인해 폭발하거나, 농도 짙은 가스에 질식사하거나, 수맥을 건드려 물에 잠식 당하는 등 지구상에서 가장 위험한 일 중 하나였다. 자신의 목숨보다 중요한 것이 있겠는가. 생존이 불투명한 환경 속에서는 그 누구도 일하고 싶어하지 않았다. 그렇기에 죄수, 노예, 하층민 또는 불법 노동자 같은, 권리를 찾을 길 없는 이들이 광부가 된 것이다.

3년 이상 광산에서 일을 하다 보면 폐에 석탄 분진이 쌓여 폐가 굳어지는 '진폐증'에 걸린다. 60개가 넘는 탄광이 존재했던 강원도의 태백에는 아직도 이러한 진폐증으로 고통받는 노인이 1백 여 명이

나 된다. 한편, 중국에서는 2006년 광업 관련 사고로만 5천여 명이 사망했으며, 실제 희생자는 이보다 많을 것으로 추정된다.

광물이나 광업이 인류 사회를 나아가게 한 경제적, 물질적 동력임은 분명하다. 하지만 우리는 그 이면에 죽어 가던 수천 명의 광부를 기억해야 한다. 그것은 다시는 반복되지 말아야 할 역사이기 때문이다. 그들이 컴컴한 어둠 속에서 간절히 바랐던 것은 다음날 아침 눈부신 태양을 보는 것뿐이었다.

그리고 광부 말고도 어둠 속에서 움직이는 이들이 여기 또 있었다.

시체도굴꾼

참으로 예의 바른 도둑이다

나의 하루 중 낮에 대해선 할 이야기가 많지 않다. 누군가의 흥미로운 부분은 언제나 숨겨진 욕망, 빛 뒤의 그림자, 깊은 암실 속에 있기 때문이다. 나는 의사다. 그리고 언제나 환자를 위하는 마음을 다잡는다. 죽어 가는 이들을 살리고, 인류 의학에 이바지하고 싶다. 그것이 내가 살아가는 목적이자 삶의 의미이다.

오전에는 환자들의 상태를 살피고, 오후에는 수술을 집도한다. 나는 주로 사람의 몸을 가르는 일로 하루를 보낸다. 처음에는 끔찍했지만 이제는 아무렇지 않다. 오히려 당신도 누군가를 살리는 일을 몇 번 경험하고 나면 하루 종일 아드레날린이 샘솟을 것이다.

태양이 지면 본격적인 나의 일이 시작된다. 좀 더 큰 이상을 위한 일이다. 중요한 것은 더 오래 이야기해야 한다. 내가 다른 의사들과 다른 점은, 야심한 새벽에 깨어 있다는 것이다. 낮에 생명을 살린다면, 밤에는 시체를 살린다. 몸이 근질거리기 시작했다.

잠깐 눈을 붙이고 나면 그토록 기다리던 시간이 온다. 새벽 2시, 도구를 챙기고 손에는 장갑을 낀다. 인근 무덤가로 가 삽을 든다. 운동을 게을리하지 않은 보람이 있다. 핏줄 사이로 근육이 꿈틀대고, 흙은 달빛 너머로 줄넘기를 한다. 곡괭이와 삽으로 끊임없이 무덤을 판다. 관이 보이기 시작한다. 침을 꿀꺽 삼킨다. 달콤한 광기와 꿈의 맛이 난다.

관 뚜껑을 열고 수의를 찢으면 시체가 드러난다. 젊은 남성이 창백한 얼굴로 나를 반긴다. 미리 준비한 보따리에 싼다. 정성을 다해 조심스럽게 옮긴다. 무언가를 살리려면 작은 부분까지 하나하나 섬세해야 한다. 판 무덤은 다시 잘 다져 놓는다. 수십 번을 해보니 이제는 원상태로 되돌리는 데 30분이 채 걸리지 않는다. 모양새도 그럴듯해서 고인의 가족이 와도 그 흔적을 알아채지 못할 것이다. 그들의 우매한 환상을 깨뜨리지도 않으니, 도굴꾼으로도 정말 많이 발전한 셈이다. 참으로 예의 바른 도둑이다. 코끝에는 송골송골 땀이 맺혀 떨어진다. 왠지 기분이 좋다.

집에 돌아와 지하실에 시체를 내려놓는다. 시체를 깨끗이 닦고 소

독한 뒤에 기도를 한다. 내가 무슨 기도를 하는지 모르겠다. '이 연구
는 훗날 인류 모두에게 도움이 될 것입니다. 용서하세요.' 같은 말일
것이다. 어쨌거나 나는 쓸모없는 육체를 고귀한 연구 자료로 탄생시
키게 되어 정말 기쁘다. 이것이 어떻게 들릴지 모르겠다. 이기적이라
고 할 수도 있겠다. 하지만 따지고 보면 이 광기 어린 세계 속에서 이
기적이지 않을 이유가 뭐가 있단 말인가?

　배를 가르고, 장기를 살펴보고, 이를 꼼꼼히 그림으로 그려보고,
생각을 적어 나간다. 시체와 함께하는 나의 밤은 끝날 줄 모른다. 인
간 신체의 미스터리를 푸는 날도 머지않았다. 가슴 깊숙이 넣어 놓
은 유언장을 만지작거린다. 나의 육체도 언젠가 끝이 나면, 누군가
쓸모 있는 무언가로 되살려 주길!

#어둠속에서

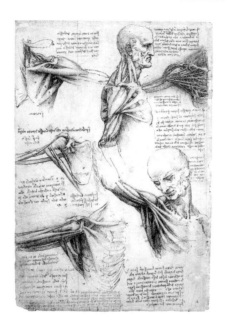

레오나르도 다 빈치 어깨의 해부학적 노트(1510~1511)

지금은 쉽사리 볼 수 없지만, 원시 시대에는 시체를 접할 기회가 많
았다. 자연재해, 질병, 전쟁으로 일찍 죽어간 이들이 많았기 때문이
다. 감기가 인간의 목숨을 앗아갔고, 물의 오염이 마을 전체를 죽였
으며, 눈만 뜨면 전쟁이 일어나던 시절엔 말이다. 1480년, 레오나르

도 다 빈치는 비밀스럽게 시체를 해부하여 1천8백 개 이상의 그림을 그렸다. 해부학이 공인되기 1백 년 전의 일이었다. 물론 당시에도 시체 해부는 불법이었다. 그가 시체를 도굴했는지는 기록된 바 없지만, 시체를 구해 연구한 것은 분명했다. 1600년 경에는 윌리엄 하비가 그 명맥을 이어갔다. 그는 신체에 대한 호기심과 질병을 치료하고 싶다는 욕망에 아버지와 누이의 시체를 해부하기도 했다. 윌리엄 하비는 오늘날 과학 혁명의 시초로 '생리학의 아버지'라 불린다.

18세기 이전까지는 사형수가 많아 해부용 시체가 충분히 공급되었다. 하지만 인권과 인본주의가 발달하면서 점차 한 사람 한 사람의 생명이 소중해졌고, 시체는 쉽게 찾아볼 수 없게 되었다. 의학계는 팽창했지만 연구할 만한 시체가 부족했으니, 그때 등장한 것이 바로 전문 시체도굴꾼이었다. 이들은 불법으로 무덤가를 파내어 시체를 공급하는 일을 했다. 그들 덕분에 인류는 현대 의학의 혜택을 누리게 되었으니, 고맙다고 해야 할지 끔찍하다고 해야 할지, 참으로 난감한 문제다.

한편, 그들이 야심한 새벽에 시체를 훔칠 동안, 인류는 또 다른 아침을 맞이한다. 그리고 이를 깨워 주는 이들이 있었다.

노커업

새로운 아침이 당신을 찾아왔다고

장갑을 벗고 공장을 빠져나온다. 새벽은 춥다. 두툼한 코트를 걸치고, 한쪽 구석에 놓여 있는 긴 막대기를 꺼내 든다. 동료들은 피곤한 몸을 이끌고 집으로 돌아가지만, 아직 내겐 할 일이 남아 있다.

거리를 나서면 도시는 고요하고 아직 그 색깔이 없다. 나는 그 속에서 빠르게 발을 놀린다. 첫 번째 아침을 깨울 시간이 왔다. 창문을 두어 번 톡, 톡, 팬케이크에 떨어지는 꿀처럼 부드럽게 두드린다. 그러면 이내 드르륵 창문이 열린다. 고개를 내미는 이는 뉴커먼 씨다. 덥수룩한 수염, 빨간 코에 부은 얼굴을 보아하니 어젯밤 한잔한 게 분명하다. 나는 손을 흔들며 미소를 지어 보였고, 그는 천천히 내려와 2펜스를 건네주었다. 나는 노커업이다. 누군가를 깨우는 행위이자, 아침을 알리는 일이다.

벤 스티머 할머니는 창문 긁는 소리로 깨운다. 그녀는 예민한 청각을 가지고 있기에 그것으로 충분하다. 노커업을 할 때에는 최대한 다른 이가 깨지 않도록 한다. 오직 그 대상의 귓속에만 조용하고 선명하게 알리는 것이다. 새로운 아침이 당신을 찾아왔다고.

아침에 꼭 일어나야 하는 사람들은 대개 힘든 노동자가 많다. 그래서인지 대부분 잘 일어나지 못한다. 늦은 시각까지 일했기 때문이다. 깨웠다는 확신이 들 때까지 창문 앞을 떠나지 않는 이유는 금세 다시 침대로 엎어지기 때문이다. 그럼에도 나는 이해한다. 나는 그들과 함께 40년 가까이 공장에서 일한 노인이다.

새벽에는 나 이외에 다른 노커업들도 만날 수 있다. 아침을 깨우는 방법은 저마다 다양하다. 연질 해미, 딸랑이, 심지어 완두콩으로 저격하는 이까지 있다. 흑백 사진 속에서 인간 시계들이 돌아다닌다. 그 모습이 찰리 채플린 못지않게 재미있다. 궁금하다면 세상 누구보다 일찍 일어나 거리로 나와 보시길!

하나둘 아침을 깨우다 보면 세상은 어느새 그 색을 되찾아가고, 거리에는 사람들이 많아진다. 모두가 하루를 시작하려 할 때 나는 집으로 돌아간다. 나의 하루의 끝이 누군가의 시작에 도움이 된다. 구세대가 신세대에게 해야 할 일은 바로 이것이다.

부드러운 노크로 그들의 미래를 깨워야 한다. 그리하면 머지않아 그들이 구세대로 흘러갔을 때, 다시 새로운 세대를 향해 노커업 할 것이기 때문이다.

커튼을 단단히 쳐도 빛이 새어 들어오는 것을 전부 막지는 못한다. 시끌벅적한 소녀들의 웃음소리도 막을 수 없다. 그러나 아무렴 좋다. 오히려 밤보다 외롭지 않고 따스하니 잠을 청하기에 안성맞춤이다.

#인간알람시계

노커업 긴 막대를 이용해 잠이 든 손님의 창문을 두드린다

시계가 없었던 때에는 어떻게 일어날 수 있었을까? 창문 틈으로 들어오는 햇살이나 새 지저귀는 소리가 그들을 깨워 주었을까? 그 답은 간단하다. 사람이 사람을 깨운 것이다. 귀족은 하녀가, 마님은 머슴이, 노예들은 간수가 깨웠을 것이다. 어쩌면 18세기 산업 혁명 이

후 기상 노동자가 등장한 건 아주 자연스러운 현상이었는지도 모른다. 일명 노커업(Knocker-Up)이라 불리는 사람들 말이다.

그들은 1900년대 영국과 아일랜드에서 처음 등장했다. 일주일에 몇 펜스만 지불하면 동일한 시각에 깨워 주는 것이 그들의 일이었다. 그 대상은 새벽 일찍 일어나야 하는 노동자였다. 공장에서 일하는 직공, 부두 종사자, 시장 상인, 운전자 등이었다. 처음에는 문을 두드리기만 했지만, 가족 모두를 깨우는 바람에 점점 그 기술은 고도화되었다. 긴 막대기 끝에 손잡이를 달아 부드럽게 창문을 열거나 두드린 것이다. 물론 일반적으로는 그랬지만, 모두가 그런 것은 아니었다. 연질 해머, 딸랑이, 완두콩 저격수 등 자신만의 방법을 고수한 이들도 있었기 때문이다. 그 시대의 아침은 고요한 서커스와 같았다.

떠오르는 새벽, 그들만큼이나 철두철미하게 시간 약속을 지키며 일하는 이들이 있었다.

상인

- -

이윤이 아닌 사람을 남긴다

- -

묘시(5~7시 사이), 저절로 눈이 떠진다. 몸을 바르게 단장하고 갑판에 나선다. 출렁이는 물결 사이로 마침내 교역지가 보인다. 물건들을 다시 한번 확인하고 형제들을 깨운다. 준비해야 할 것이 많다.

　돈은 신뢰다. 엽전만큼 사람을 차별하지 않던 것이 있던가? 상인이 오랜 시간 천대받은 이유는 세속적이기 때문이라 하는데, 이는 이치에 맞지 않다. 물론 돈이 가진 파괴력은 능히 태산을 무너뜨리는 힘이 있어, 무능하고 멍청한 자가 쥐면 세상을 어지럽힌다. 허나 제 실력으로 올바르게 벌고 베풀면 그게 무엇이 문제라는 말인가? 그렇게 따진다면 세상 모든 것이 그러하지 않은가. 가지고 태어난

손과 발은 물론, 현자의 지혜 또한 어리석은 자에게는 악의 씨앗이 되는 것이다. 적어도 이 묵직한 쇳덩이는 사람을 가려 받지는 않으니, 실로 대단한 발명품인 셈이다.

교역지에 도착하면, 반나절 동안 그곳의 시장을 먼저 둘러본다. 협상의 기본은 '상대를 얼마나 이해하고 있는가'에서 결정되기 때문이다. 사람들이 원하는 것이 무엇인지, 진정으로 그들에게 필요한 것이 무엇인지 모르면 제대로 된 협상은 물건너가고, 일을 그르치게 된다.

그러므로 사람에 대한 관찰과 신뢰는 상인에게 전부라 해도 과언이 아니다. 물론 값싼 물건을 비싸게 파는 것, 혹은 비단같이 유려한 혀 놀림도 필요하다. 하지만 그것만 가지고는 저잣거리의 보부상에 그치게 된다. 큰 생각을 가진 자만이 큰 거래를 할 수 있는 법이다.

저녁이 되면 거래를 약속한 장소에 도착한다. 시간은 칼같이 지킨다. 제 시각에 도착하는 것이 무척 중요하다. 상대방의 시간조차 소중히 하지 않는다면 어찌 신뢰가 싹트겠는가?

치밀한 논의 끝에 거래가 성사된다. 나는 어떻게든 값싸게만 물품을 매입하려는 자와는 거래하지 않는데, 그런 자들은 언젠가는 뒤통수를 칠 살쾡이 같은 족속들이기 때문이다. 그래서 이들처럼 적당한 값에 균형 있는 협상을 할 줄 아는 자들과 거래한다. 훗날에 더 큰 이익이 된다는 것을 서로가 잘 알고 있다. 나 자신의 이익만을 추구하면 언젠가는 크게 무너진다. 우리들은 서로에게 득이 될 수 있는 최선의 방법을 머리를 맞대고 찾아낸다.

밤에는 형제들과 잔치를 연다. 오랜만에 육지에 발을 디뎠으니 심신의 피로를 풀고, 즐겁게 웃고 떠든다. 거상은 이윤이 아닌 사람을 남긴다. 나 혼자서 이끄는 것이 아님을 잘 알기에 그들을 위하고 함께 어울린다.

나는 안다. 지금은 모두 계급도 없는 미천한 신분이나, 언젠가 비단길이 펼쳐질 날이 올 것임을. 태어날 때부터 정해지는 계급이 파해지고, 장사의 수완으로 인정받는 세상이 올 것임을. 저 위에서 움직이지 않고 태생의 영광을 누리는 자들보다 상인이 만국을 휘어잡을 나날이 올 것임을. 오늘도 나는 엽전 구멍 속에서 그러한 미래를 본다.

#엽전의미래

상평통보 조선 숙종 때 처음 유통된 공인 화폐로 1894년까지 주조했다

상인의 어원은 중국에서 시작되었다. 기원전 1046년, 상나라는 주나라에 의해 멸망했다. 백성들은 서쪽 시안으로 쫓겨났고, 그들 대부분은 거리로 나와 날품팔이를 했다. 이로 인해 '물건을 사고팔며 생계를 이어가는 사람'을 상나라의 '상(商)' 자를 따서, 상인이라 부르게된 것이다. 상인에는 한 나라의 슬픔이 배어 있다.

화폐가 발전하면서, 점차 상인들은 많아지기 시작했다. 그중 몇몇은 큰 거래를 하는 거상이 되어 강과 바다를 가로지르며 물건을 팔았다. 자국의 싼 물건을 타국에 가져가 비싸게 팔았던 것이다. 그때나 지금이나 사람들이 원하는 게 무엇인지 아는 것이 상인에게 가장 중요한 자질이었다.

하지만 그들은 온갖 멸시와 수모도 당해야 했다. 왜냐하면 그들 대부분은 평민 혹은 천민 출신들이었는데, 신분 사회에서 그들의 행보는 귀족이나 양반들에게 눈엣가시 같았기 때문이다. 그들은 농부나 대장장이보다 더욱 낮은 부류로 취급당했다. 일반 백성들에게도 폭리를 취하는 족속으로 여겨져, 모두에게 환영받지 못하는 존재였다.

한편, 조선 시대에는 바다가 아닌 거리에서 달콤한 소리를 내며 마을을 활보하던 작은 상인도 있었다.

엿장수

쩔꺼덕 쩔꺼덕

달콤한 냄새가 난다. 아침부터 늘어진 엿 향기가 콧속 깊숙이 스며온다. 마음이 평온해지고 기분이 좋아진다. 벌떡 일어나 엿 조각 하나를 입에 쏙 넣어둔다. 이 맛이다. 해는 벌써 중천에 떠있다. 손수레를 끌고 엿가위를 손에 든다. 아이들이 기다린다.

골목마다 달콤한 엿 향기가 퍼져 나간다. 쩔꺼덕 쩔꺼덕. 가위 소리가 나면 금세 동네 아이들이 모여든다. 향긋하고 재미난 박자는 몸을 들썩이게 한다. 한 조각 줄까 하고 졸졸 따라오지만 어림없다. 나에게 쓸모 있는 것을 가져와야, 네놈들 입 속에 천국을 맛볼 수 있을 것이다.

병 하나, 찌그러진 주전자, 낡은 고무신 한 짝…. 녀석들은 집 안은 물론 헛간이나 장독대, 담장 밑까지 샅샅이 뒤진다. 그것은 기이한 체험이다. 눈여겨보지 않았던 쓸모없는 물건들이 지금은 가장 쓸모 있는 물건들로 바뀌는 경험이기 때문이다. 엿을 먹기 위한 녀석들의 투쟁은 집요하다. 그것 또한 난생 처음 겪는 것일 터. 목적을 향한 생애 첫 발돋움이자 집중일 것이다.

조그만 손들에게 기다란 엿가락을 두어 개씩 쥐어준다. 눈은 엿에서 떠나지 않고, 입은 받기도 전에 침이 질질 흐른다. 적어도 눈과 입은 기억할 것이다. 세상에 쓸모없는 것은 없다. 모든 것은 그 나름의 가치가 있으며, 온몸에 아찔한 달콤함이 될 수 있다. 버려지는 것들에 대한 나의 사랑은 무한하다. 누군가에게 쓸모없는 것이 어느 누군가에게는 꼭 필요한 것이 된다.

시간이 지나자 녹슨 호미 자루, 비료 부대, 플라스틱, 삼베, 개털 등 별별 것들이 다 나온다. 간혹 새 냄비를 가져오면 의심의 눈초리를 보내지만, 그것 또한 냄비의 운명이다. 이번 기회에 엄마에게 죽도록 맞을 녀석도 한번은 그럴 운명이다. 그런 녀석들은 오래 지나지 않아 엄마와 함께 찾아오는 경우가 많으므로 한쪽 옆에 미리 꺼내 둔다.

손수레 위에 골동품이 하나씩 쌓여 간다. 아니, 적어도 내 눈에는 보물함 위에 황금이 쌓여 간다. 낡고, 찌그러지고, 먼지 쌓인 것들의 아름다움이란…! 비슷한 것들끼리 한데 모이니 좋지 아니한가.

엿장수에게도 무서운 것이 몇 가지 있다. 소나기가 첫 번째다. 호박엿에 물기가 어리면 영 못쓰게 되기 때문이다. 다음으로는 리어카 타이어가 펑크가 나는 경우인데, 고물은 생각보다 무게가 나가기 때문에 영 골치 아픈 일이 아닐 수 없다. 하지만 무엇보다도 장사가 되지 않는 것이 제일 고달프다. 텅 빈 수레와 딱딱해지는 엿은 제 갈 길을 잃어버린다.

요즘에는 밤에도 날씨가 좋다. 개나리가 핀 것을 보아하니 봄이 왔나 보다. 다리 밑에 불을 피우고, 제법 쌓인 골동품 옆에서 눈을 감는다. 해가 뜨면 늘어진 엿 향기가 다시 콧속을 헤집을 것이다. 주머니 속에 엿 조각 하나를 입 속에 넣는다. 그래, 이 맛이다.

#쓸모없음의미학

엿장수 구한말 장터의 엿장수가 노동요를 부르고 있다 ⓒ국립민속박물관 '엿파는 소리'

엿은 찹쌀, 조, 옥수수 등의 곡물을 엿기름물에 삭힌 뒤, 자루에 넣어 짜낸 국물을 고아서 굳힌 음식이다. 굳기 전에는 물엿, 졸인 것을 조청, 바로 굳힌 것은 갱엿이라 한다. 1900년대, 이 엿을 자르며 달콤한 가위 소리로 동네를 휘어잡은 이들이 있었다. 엿장수였다.

초기 엿장수는 대광주리를 받쳐 메고 다니면서 엿을 팔았다. 재미있는 부분은 조선 시대 과거 시험장에도 엿장수들이 성행했다는 사실이다. 그때에도 엿이 시험에 붙길 바라는 부적으로 사용되었던 것이다. 이후 리어카를 끌고 고물을 엿으로 바꿔 주는 이들이 나타났다. 옛날에는 돈이 귀했기 때문에 고물을 대신 받아 팔았던 것이다. 당시 엿을 바꿔 먹는다는 것은 고물을 새것으로 바꿔 온다는 뜻과 같았다.

그들의 특징은 큼직한 가위에 있었다. 엿을 자르는 기능적인 부분뿐 아니라, 사람 불러 모으는 데도 제격이었다. 그들은 가위다리를 부딪쳐 흥겨운 가락을 만들었다. 아이들에게 그 소리는 '파블로프의 종소리'와 같았고, 침이 고인 채 집 안의 고물들을 찾아다녔다. 이들은 쩔꺼덕, 쩔거덕 소리를 내며 사나흘에 한 번씩 동네에 찾아왔다. 가장 좋아하는 것은 쌀이었고, 여자들의 머리카락 한 채는 엿 한 판의 가치가 있었다. 엿은 시험을 붙게 하거나, 시집 식구들이 며느리 흉을 보지 않도록 입막음을 하는 주술적인 의미도 가지고 있었다.

그들은 처마나 다리 밑에서 먼동이 틀 때까지 모닥불을 피워 놓고 자기도 했다. 해가 뜨면 다음 마을을 순회했다. 고물을 가져오는 아이들의 눈에서 그들은 무엇을 보았을까. 쌓여 가는 고물을 보며 그들은 무슨 생각을 했을까.

그리고 조선 시대에는 이 저잣거리의 엿장수를 그리던 한 화가가 있었다.

화가

- -

붓 끝에 자리 잡는다

푸른 공기가 입속으로 들어와 나를 물들인다. 다른 모습의 하루가 왔다. 붓, 연적, 벼루 등을 보따리에 챙겨 집을 나선다. 발걸음은 가볍기 그지없고, 하늘은 한없이 청명하다. 산책은 나의 감각을 깨우고, 할 일이 무엇인지 일깨워 준다.

자연을 그린다. 명당은 제 스스로 정한다. 천천히 먹을 갈며, 화선지를 펼친다. 해가 뜰 시간이 다가오고 있다! 이내 가장 아름다운 빛깔이 대지 위를 비추면 붓을 놀리기 시작한다. 광기에 휩싸인 붓은 새하얀 도화지 위에 춤을 추고, 유유히 흘러가는 강물은 끝을 모르고 퍼져 가며, 하늘을 뚫고 솟아오른 봉우리는 영원히 그 위엄을 안고 붓 끝에 자리 잡는다.

사람을 그린다. 일찍 일어나 밭을 가는 농부들, 인근 강가에서 옷을 빠는 아낙네들, 동네에서 고무줄놀이를 하는 어린아이들까지. 그 평범한 일상에서 지극히 자연스러운 본연 그대로의 아름다운 선을 뽑아낸다. 무엇보다 흥미로운 풍경은 저잣거리다. 그곳에는 가장 많은 얼굴이 어우러져 있다. 저 멀리 사람이 몰려 있다. 큰 잔치라도 열린 듯하다. 기회다. 그곳으로 빠르게 발을 놀린다.

두 사람의 실루엣과 그 주변에서 구경하는 나그네들, 시끌벅적한 응원 소리와 끙끙 힘 쓰는 소리가 한데 어우러져 들려온다. 이건 분명 내가 좋아하는 씨름이렷다! 그 앞에 잽싸게 앉아 흥에 취해 본다. 두 사람이 엉겨붙어 낑낑댄다. 누군가 넘어가려고 할 때마다 사람들은 웃고 떠들며 분위기가 고양된다.

주변을 둘러본다. 근처 주막집 지붕이 보인다. 잠시 빌려 올라간다. 화선지를 펼치고 다시 붓을 놀린다. 이 모습을 놓칠 수 있으랴! 경이로운 움직임을 하나씩 담는다. 넘어뜨리려 안간힘을 쓰는 두 씨름꾼, 부채를 들고 응원하는 관중들, 그 속을 돌아다니는 엿장수의 모습까지. 서민들의 놀이문화란 참으로 따뜻하고 신묘한 힘이 있지 않은가!

내가 느끼는 것. 내 안에 있는 것. 나는 그것과 함께 세상 모든 것을 그리고 싶다. 나의 시선을 화선지에 담고 싶다. 그림은 무언가를 말하고 드러낸다. 내가 살았던 곳, 살아 있던 시대가 붓 끝에서 피어 난다. 그렇기에 가능한 한 많은 것들을 그릴 생각이다. 가끔 끼니를 거르는 것은 괜찮지만, 지필묵(종이와 붓과 먹)이 떨어지는 일은 여전히 끔찍하다. 그런 상태까지 가지만 않는다면, 죽을 때까지 그릴 수 있 을 것이다.

#캔버스위의신

쇼베 동굴 벽화 3만 년 전으로 추정되는 동굴 벽화

3만 년 전, 프랑스 쇼베 동굴에는 4백여 점의 그림이 발견되었다. 그곳에는 거침없이 달리는 말과 사슴, 황소가 그려져 있었다. 인류 최초의 그림이었다. 그런데 최초의 인류는 왜 그림을 그렸을까? 추측컨대 어느 날 경험 많은 원시인은 효과적인 사냥을 위해 이에 필요

한 구체적인 그림을 그려 설명하기 시작했다. 언어가 없었던 당시에는 그림이야말로 유일한 의사소통 수단이었기 때문이다. 고대 원시 벽화에 나오는 사람은 대부분 추상적인 데 반해, 사냥감은 매우 구체적으로 그려져 있다. 이는 그림의 목적이 바로 생존을 위한 사냥이었음을 잘 알려 준다. 영혼이 빠져나가는 그림이 자주 등장하는 이유도 임무에 실패했을 때 죽음에 대한 경각심을 주기 위해서였다. 그리하여 의사소통을 위한 그림은 점차 간소화되고 상징적으로 변화하며 문자와 언어로 발전하게 된다.

그러나 시간이 지나자 그림은 다양한 갈래로 뻗어 나갔다. 육체의 아름다움을 그리거나, 인간의 모습을 한 신을 그리거나, 보이지 않는 신을 그리거나, 자연을 있는 그대로 그리거나, 자신의 식대로 세상을 그리거나, 자신만이 이해할 수 있는 4차원의 세상을 그리기도 했다. 그림은 시대를 반영했고, 화가의 붓은 쉴 새 없이 하얀 종이 위에서 춤췄다. 그들은 종이 위에 그릴 수 있는 모든 것을 그렸으며, 그저 몰입의 순간을 즐기기도 했지만, 인류에게 무엇이 중요한 것인지 일깨워 주기도 했다.

그들이 세상의 아름다운 풍경을 그릴 동안, 완전히 다른 시선으로 세상을 보는 이들이 등장했다.

수학자

문제가 있기에 푼다

차를 준비하고 자리를 서성인다. 뜬눈으로 밤을 지새웠다. 창문 사이로 빛이 들어오는 것을 보면 아마도, 아침이 온 듯하다. 지난밤 내내 생각했던 문제의 답은 여전히 찾지 못했다. 그러나 낮과 밤, 시간과 공간을 잊은 채 생각하다 보면 분명 찾을 수 있다는 것을 안다. 몰입하다 보면 백 년을 한 시간으로 줄일 수도 있는 것이다. 지금까지 그래왔으니. 아마도.

잠깐 눈을 붙였다가 산책을 한다. 정교하고 아름다운 건축물 사이로 햇빛이 비친다. 저 광활한 우주 아래 데이지 꽃과 해바라기가 흔들린다. 해바라기는 어째서 동일한 수학적 비율로 이루어지는가?

데이지 꽃의 잎은 어찌 피보나치 수열의 형태로 나타나는가? 숫자가 없으면 건축물을 지을 수 없고, 달의 공전 주기와 자전 주기는 어째서 정확히 1:1비율을 이루는가?

수학자가 바라보는 세상이란 놀라운 패턴과 비율의 연속이다. 누군가 정교하게 만들어 놓은 세계 같지 않은가! 세상이 수학으로 이루어진 것인가? 아니면 인간이 수학이라는 틀에 세상을 끼워 맞춘 것인가?

나의 몸이 어디로 가는지, 나의 생각이 어디로 가는지, 그저 하염없이 깊이 내려간다. 끼니를 거르고 길을 잃는 건 내게 중요하지 않다. 중요한 숫자가 떠오르면 즉시 종이에 적어 내려간다. 풀리지 않는 미스터리를 끊임없이 추적한다. 공상과 숫자 속에서 허우적대다가도, 눈을 뜨고 일상을 관찰한다. 위대한 것은 일상 속에서 당신을 향해 느닷없이 날아온다. 뉴턴이 사과가 떨어지는 것을 보고 중력의 법칙을 발견한 것처럼.

풀리지 않는 문제는 나를 자극하고, 이해되지 않는 자연 현상들은 나를 사로잡고 놓아주지 않는다. 왜 그런 것인지는 나도 모른다. 산이 있기에 오르듯, 문제가 있기에 푼다. 자연의 비밀을 풀고 발견한다. 언젠가는 우리가 어디서 왔고, 세상이 어떻게 만들어졌는지 알 수 있을 것이다. 그것이 어떤 것이든, 진실은 밝혀져야 하지 않겠는가. 그리고 그 모습은 지극히 단순하고 아름다울 것이라고, 나는 믿어 의심치 않는다.

비밀의 실마리를 찾으면 집으로 돌아가, 오늘의 사고를 정리한다. 빈 종이는 금세 숫자로 들어차고, 굶주린 배는 빵과 스프로 채워 넣는다. 몰입 상태는 때때로 주변인의 오해를 산다. 누군가 나를 불러도 소리가 들리지 않기 때문에 일부러 무시한다고 생각하는 것이리라. 미리 양해를 구하지 않으면 미친 사람 취급을 당하는 수밖에. 생각해 보면 우스운 일이다. 현재를 살아가지는 않지만, 누구보다 현재를 알고 싶다니. 참으로 모순적이다.

누군가 나의 하루를 본다면 지루하기 짝이 없어 보일 수도 있다. 그러나 우리는 사람들의 생각과는 다르게 극도의 쾌감 속에서 살아간다. 한 가지에 몰두하는 그 순간. 그곳에는 말로 표현할 수 없는 무언가가 있다.

어느새 새벽 2시, 이틀 연속 밤샘은 무리다. 꿈속에서 답을 찾을 수 있을까? 펜과 종이를 옆에 두고 잠이 든다.

#수의제국

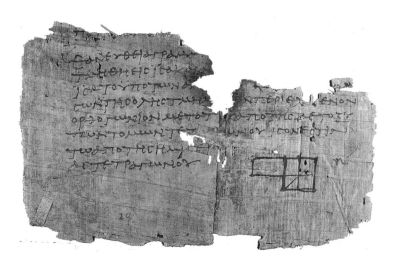

유클리드 원론 그리스 수학자 유클리드가 남긴 저서 《원론》의 파편

수는 인간이 태어날 때부터 가지고 있는 잠재된 능력일까? 결론부터 말하자면 그렇다. 연구에 의하면 인간은 선천적으로 수를 4까지 셀 수 있다고 한다. 하지만 이를 달리 말하면, 미개인은 숫자 4 이상을 셈하기 힘들다는 말과 같다. 놀랍게도 일부 동물들 또한 수에 대한 감각을 지니고 있는데, 새나 벌이 그 대표적인 예다. 새는 알 개수의 변화가 일어나면 행동이 바뀌며, 말벌은 새끼 수에 맞춰 애벌레

수를 일정하게 넣어둔다.

숫자의 탄생은 7천 년 전 고대 이집트로부터 시작되었다. 이들은 나일강 범람으로 인해 매번 토지의 구분선이 사라지자, 이를 해결하기 위해 기하학을 발전시켰다. 또한 숫자는 곡식을 저장하고, 재산을 측정하고, 갚아야 할 빚을 계산하기 위해서 필수적이었을 것이다.

놀라운 것은 이 숫자가 인간에게 엄청난 힘을 주었는데, 그것은 바로 건축술이었다. 피라미드 또한 치밀한 수학을 바탕으로 지어진 정교한 건축물이었으며, 기원전 3천 년 경 고대 인더스 문명에서는 자와 컴퍼스 같은 도구를 사용하여 도시를 설계했다. 이 때문에 이들 땅에는 직각의 도로와 원기둥, 직육면체와 같은 건물이 등장할 수 있었다. 그래서인지 현대 수학의 근본을 탄생시킨 고대 그리스에서 수는 종교적 성향을 띄었다. 실제로 피타고라스학파는 1부터 10까지의 수를 숭배하기도 했다.

그들의 눈에 세상은 수로 이루어져 있었다. 간단한 법칙으로 설명할 수 있는 것들이 너무나 많았기 때문이다. 꽃잎이나 솔방울, 얼룩말이나 호랑이의 무늬, 태양과 달의 주기 그 모든 것은 일정한 패턴으로 이루어져 있었다. 심지어 인간의 삶과 하루도 시간이라는 숫자 아래에서 말할 수 있었다.

하지만 수학자가 수로 표현하지 못하는 세계가 있었으니, 그것은 바로 신의 세계였다.

무당

- -

믿거나 말거나 나는 옳다

- -

신이 마음속에 깃들 때는 나 자신도 모르는 사이 일어난다. 삶의 끈은 언제나 이해할 수 없는 곳으로 나를 잡아당긴다. 이 기묘한 행각을 누가 예상이나 했을까. 자식을 낳을 때 무당이 될 것이라고 예측하는 부모는 없다. 스스로 무당이 될 것이라고 예상하는 나 자신도 없다. 그저 운명이 집어삼킨 것 뿐이다.

고열이 끓는다. 귀에서 고름이 흘러나온다. 약을 써도 말을 듣지 않는다. 밤마다 신이 나를 찾아온다. 장구 치는 할멈, 탈을 쓴 장군, 떠다니는 지팡이가 나에게 "신을 받들라" 소리친다. 처음에는 꿈에만 보이더니 나중에는 눈을 떠도 보인다. 믿거나 말거나 나는 옳다.

나의 세상에는 버젓이 보이는데, 남들 눈에 보이지 않는다고 해서 그것이 없는 것은 아니다. 세상이란 내가 보는 그것, 내가 경험한 기억, 내가 살아가는 삶이 전부이기 때문이다. 신의 그림자는 내 영혼 위에 깊게 내려앉는다.

나는 그들을 받아들이기로 한다. 내 안의 진실을 꺼내기로 한다. 내림굿을 받고 신을 담기로 한다. 미쳤다고? 상관없다. 미래를 보는 자는 보통 미치광이이기 때문이다.

굿은 누워 있는 혼미한 상태에서 진행된다. 10분쯤 지났을까. 무당의 소리가 하늘로 울려 퍼지자, 나의 몸이 벌떡 일어난다. 알 수 없는 힘이 나를 떠받친다. 그러고는 나의 의지와는 상관없이 쉴 새 없이 춤을 춘다. 아니, 신과 함께 춤을 춘다. 그들은 주위를 빙글빙글 돌며 나를 맞이한다. 고열은 씻은 듯 사라진다. 몸은 가뿐하게 날아다닌다. 무아지경에 이른다. 그 순간 나는 그들을 모시기로 결심한다. 멀리 떠오르는 태양 끝에서는 아름다운 연꽃 봉우리가 피어난다.

나는 이제 느껴진다. 내 속에 무언가가 있고, 나는 그것을 통해 뭔가를 본다. 확신이 들지 않으면 미래를 볼 수 없다. 온전한 자기 자신이 된다는 것은 내 안에 있는 것을 이해하는 일이다.

#누군가들어왔다

박수무당 남성을 가리키는 박수와 여성을 가리키는 무당을 함께 이르는 말 ⓒ신윤복, 〈무무도〉 화첩'

우리나라에서 무속은 가장 오래된 종교적 행위다. 무당들은 미지의
존재를 믿고, 빌고, 숭배했다. 매년 부여에서는 영고(迎鼓)가, 고구려
에서는 동맹(東盟)이, 신라와 고려에서는 팔관회(八關會)라는 무속 신
앙 행사가 열렸다. 그들은 점술을 보고, 퇴마를 하며, 부적을 팔았다.

사실상 과거의 정신적인 치료 서비스나 다름없었으므로, 종교적 역할을 확실하게 수행했던 것으로 보인다.

하지만 아무나 무당이 될 수 있는 것은 아니었다. 그들 말에 따르면 신내림이라는 것을 받아야 했는데, 귀신이 보이거나, 기이한 현상을 접하거나, 무언가를 느껴야 했다. 하고 싶어도 할 수 없고, 하고 싶지 않아도 할 수밖에 없는 독특한 특성을 보였다. 그들은 99개의 집을 돌아다니며 내림굿을 공표하고 자신의 영검한 능력을 미리 선전하기도 했다.

무당, 주술사, 신부 등 종교적 존재들은 인간 무리를 결합시켰고, 생의 슬픔과 고통에서 벗어나게 해주었으며, 신비한 힘으로 미래를 예측하기도 했다.

그리고 무당만큼이나 밤늦게까지 간절히 행운의 여신이 찾아오길 바라던 이들이 있었다.

발명가

실패는 나의 친구다

처음부터 완벽한 건 없다. 실험을 진행하면서 그것이 무엇이었는지 알 수 있다. 그것은 전혀 다른 결과, 생각지 않았던 모습으로 나타나 나를 시험하고 가르친다. 실험에 실패는 없다. 단지 다른 답을 줄 뿐. 이를 사람에게 필요하게 바꾸는 것은 발명가의 몫이다.

헷갈린다. 오늘이 몇 번째 실험이었나? 지금까지의 결과를 면밀히 살펴본다. 무의식의 직감과 선대의 귀중한 지식 그리고 실패의 잔재 속에서 새로움을 찾아낸다. 사막 위를 헤매는 것 같아도 작은 실마리가 나를 이끈다. 무엇이 문제였고, 무엇이 실수였는지 파악한다. 하나하나 되짚어보고 시뮬레이션을 돌려 본다.

그런 면에서 실패는 나의 친구다. 실험은 필연적으로 실패를 동반한다. 우리는 그렇게 뛰어나지 않다. 성공의 그림자 뒤에는 수없이 많은 실패가 시체처럼 깔려 있다. 실패를 새로운 관점으로 생각해보라. 위대한 발명들이 종종 우연한 실패에서 발생했다는 것을 알면 당신은 절대 실패를 우울하게만 여기거나, 그냥 지나치지 못할 것이다. 물론 실패할 기회조차 불공평하게 주어진다는 것을 알고 있다. 하지만 불평할 시간은 없다. 그저 기회가 찾아왔을 때 혼신의 힘을 다해 뛰어들 수밖에.

실험실에 들어오면 밖의 고민들은 여지없이 사라진다. 가장 중요한 문제가 눈앞에서 나를 기다린다. 좋은 아이디어는 혼돈 속에 머리를 숨기고 나를 쳐다보며 발견해주기만을 기다리고 있다. 나의 상상력은 어서 현실로 가기 위해 발버둥치고, 이내 머릿속에서 뛰쳐나와 실험실을 이리저리 뛰어다닌다. 바닥과 책상 위는 금세 어지럽혀지고, 지저분해지며, 엉망진창이 된다. 좋은 것은 결코 질서정연하게 탄생되는 법이 없다. 그것은 언제나 무질서와 혼돈 속에서 발견된다.

때때로 지칠 때가 있는 것도 사실이다. 발명은 기다림의 연속이며, 생각의 고뇌이며, 육체의 노동이다. 돈이 떨어질 때는 투자자를 비굴하게 찾아야 하는 경우도 빈번하다. 물건이 팔리지 않는 경우도 비일비재하며, 고장이 나면 이를 해결하기까지. 발명의 길에는 무수히 많은 허들이 존재한다. 하지만 나는 힘들 때마다 단 하나의 순간을 떠올린다. 누군가 나의 발명으로 미소 짓는 모습이다. 영혼 깊숙이 전율을 느낀다. 웃음이 터져 나온다. 내가 실험실에서 미치광이처럼 보이는 이유다.

창문을 닫고, 낮과 밤을 사라지게 만든다. 머리 위의 전구가 나의 태양이다. 근사한 무언가를 만들면 정말 좋으련만! 혼돈 속에서 행운의 여신을 나지막이 불러 본다.

#실험실의미치광이

에디슨 에디슨의 전기 회사를 통해 국내 최초로 경복궁에 전등이 설치되었다

구석기 시대, 한 인간이 돌멩이를 날카롭게 만들었다. 그 이름은 '뗀석기'로 인류의 첫 발명이었다. 이내 그들은 돌칼, 돌도끼를 지나 창과 화살을 만들어 전사로 거듭났고, 배를 건조하여 바다를 가로지르는 항해사가 되었다. 바야흐로 발명의 시대가 열린 것이다. 그들은

농기구를 통해 효과적으로 밭을 갈았고, 철제 도구를 통해 더욱 강해졌으며, 바퀴를 통해 더 빠르게 이동할 수 있었다. 발명은 쉴 새 없이 이뤄졌다. 교량, 항만 댐도 만들었고, 건축술의 발견으로 이집트 피라미드, 그리스 아테네 신전, 중국의 만리장성 등이 탄생했다. 11세기에는 수차와 풍차가, 18세기에는 기차의 증기 기관, 방적기와 방직기가 등장했다. 문자의 발명도 빼놓을 수 없다. 한글을 비롯해 각종 언어가 탄생했고, 인쇄술이 발명되어 이 책이 나올 수 있었다.

하지만 발명에 좋은 면만 있는 것은 아니었다. 물론 발명 자체는 죄가 없다. 다만 너무 편리하거나 강한 힘은 재앙을 만들었다. 1866년 노벨이 발명한 다이나마이트는 전쟁에 사용되어 수많은 생명과 자연을 파괴했다. 플라스틱의 발명은 인간에게 편리함을 가져다주었지만, 바다 한 가운데 155km² 면적의 플라스틱 섬(태평양의 거대 쓰레기 지대, Great Pacific Garbage Patch)을 만들었다. 1915년, 아인슈타인의 상대성 원리는 원자 폭탄, 핵폭탄 발명의 토대가 되어, 언제든 지구를 멸망에 이르게 할 수 있다.

135년 전 만들어진 기관총은 지구상에서 가장 많은 사람을 죽인 발명품이 되었다. 그 별명은 '죽음의 사신, 무적의 병기'였다.

군인

- -

나는 살아서 돌아가고 싶다

죽음을 향해 걸어가는 심장의 소리가 들리는가? 전우의 머리에 총알
이 박히는 모습을 지켜보는 마음을 아는가? 전쟁 뒤에 쌓여 있는 시
체와 영혼 속에 분명한 진실을 볼 수 있는가?

아아, 울려 퍼진다. 함성 소리가 들리고, 뜨거운 피가 끓는다. 인간
의 오래된 욕망이 불처럼 타오른다. 적을 죽이지 않으면 내가 죽는
다. 눈앞에서 죽음이 숨쉬고, 전우들의 목에는 사신의 낫이 짙게 드
리운다. 이전 삶의 모든 고민, 기억, 경험들은 전장 앞에서 모두 사소
한 전생(前生)으로 사라져 버린다.

나를 기다리는 어머니의 얼굴, 어여쁜 동생의 붉은 두 볼이 떠오른

다. 안락한 흔들의자 소리와 나를 부르던 구수한 음식 냄새가 피 냄새와 섞여 불어온다. 저 위에서는 사상과 사상이 싸우지만, 그런 고귀함 따위 나는 모른다. 나를 죽이려는 적군들과 마주할 뿐이다. 하지만 우리는 결국 모두 한없이 가여운 희생양이다. 죽음이라는 명령어가 입력된 살인 기계일 뿐이다.

아아, 그래도 죽일 수밖에 없다. 나는 살아서 돌아가고 싶다. 그뿐이다. 예쁜 동생과 사랑하는 어머니를 껴안고 울부짖고 싶다. 나를 사랑하는 고운 여인과 미래를 꽃피우고 싶다. 길가에 흔들리던 들꽃처럼 평범한 삶을 오래토록 영위하고 싶다.

오늘따라 손끝의 총은 차갑기만 하다. 나를 지켜 주는 동시에 나를 죽이는 끔찍한 이 괴물을 양손으로 꽉 쥐어 본다. 그것을 어깨에 밀착하고, 생존을 위해 초인적인 집중력으로 낯선 이방인을 조준한다.

한 발, 두 발, 세 발….

한 명, 두 명, 세 명….

인간이 만들어 낸 고귀한 윤리 가장 밑바닥에 죄가 쌓여 간다. 합법적인 살인. 적이 하나둘 쓰러질 때마다 영혼 깊은 곳에서 무언가가 꿈틀댄다. 생명력을 잃은 시체가 내 영혼 위에 쌓여 간다. 감정은 사라지고 정신은 붕괴된다. 영원히 잊혀지지 않을 끔찍한 기억이 자리한다. 동고동락한 전우들도 저들과 함께 쓰러진다.

날파리와 인간은 무엇이 다른가. 고귀한 목숨들이 어찌 이처럼 한

순간에 재처럼 사라지는가. 청춘의 황금빛 시간들이 왜 시뻘건 피로 물드는가. 살아 돌아간다 해도 다시 그 전에 깨끗한 영혼으로 돌아갈 수 있는가.

총구가 나를 향한다. 낯선 외국인의 푸른 눈이 나를 조준한다. 죽는다. 죽는다. 죽는다. 머리가 아득하다. 온통 두려움뿐이다. 탕! 총알이 날아온다.

"헉, 헉…."

소리를 지르며 꿈을 깬다. 주름살이 가득한 나의 손에는 식은땀이 가득하다. 40년이 지난 지금도 여전히 전쟁은 진행 중이다. 나는 살아남았고, 영혼 위에는 여전히 시체들이 쌓여 있다.

#숨쉬는죽음

손사막 중국 수나라의 과학자로 초석과 황, 목탄을 혼합해 최초의 화약을 만들었다

1천7백 년 전 중국에서는 불로장생의 약을 만들기 위해 도사들이 모였다. 그들은 영생의 비밀이 금이나 은에 있다고 믿었고, 각종 화학 물질을 결합하고 해체했다. 그 와중에 의사이자 도사였던 손사막이 발견한 것이 바로 화약, 폭발하는 물질이었다. 아이러니하게도 영원

한 삶을 꿈꿨던 인류는 오히려 더욱 빠르게 죽는 방법을 발견한 것이다. 화약은 한순간에 사람을 살상하는 화구, 대포, 소총의 바탕이 되었다.

인류의 역사는 전쟁의 역사였다. 그리고 총은 전쟁의 불씨를 지피는 강력한 힘이었다. 인간 무리는 힘이 생길 때마다 무수히 많은 동물, 원시 부족, 약소국을 죽이고 침략하고 빼앗았다. 하지만 전쟁이 모두의 생각은 결코 아니었고, 소수의 독재자들에게 희생된 인간은 셀 수 없이 많았다. 제1, 2차 세계 대전에서 약 1만 2천여 명이 죽어 나갔다. 그들은 전쟁터, 집단 수용소, 강제 노동 수용소에서만 7천 명 이상이 죽었으며, 그중 5천 명은 민간인이었다. 뿐만 아니라 전쟁이 지나간 이후에도 군인들은 끝없는 고통을 겪었다. 팔과 다리를 잃거나 반신불수가 되는 육체적 고통은 물론이고, 평생 전쟁으로 인한 정신적인 질병과 트라우마를 안고 각종 우울증, 대인 기피증, 발작 증세를 보였다.

하지만 나쁜 발명만 있는 것은 아니었다. 19세기 무렵 인류는 가느다란 전류를 통해 더욱 긴밀히 연결되었다. 그리고 그렇게 발명된 것들은 바다를 건너 다른 문명에 전해졌다.

모험가

우리는 문명을 전달하는 바다의 새다

해가 북쪽에서 뜬다. 물결 위로 퍼지는 빛의 능선이 나의 눈을 어지럽힌다. 아름답고 아찔하다. 그러나 방심해선 안 된다. 바다는 밤을 닮아 그 무엇이든 자신의 품으로 삼켜 버리기 때문이다. 육지로 도망쳐간 생명이 본래 자기 것이었다는 듯이.

그곳에 삼켜지지 않으려면 세계가 우리에게 주는 신호를 알아차려야 한다. 낮에는 구름의 모양을 살피고, 밤에는 별의 위치를 살핀다. 불어오는 바람에서 육지의 냄새가 나는지, 비바람의 냄새가 나는지, 폭풍우의 냄새가 나는지. 물결은 평온한지, 화를 머금었는지. 바다의 온기와 색은 어떠한지. 그 모든 신호를 관찰하다 보면 우리가 가야 할 방향을 알 수 있는 것이다.

저 바다 끝에는 무엇이 있을까? 파도치는 물결 너머 어떤 신세계가 펼쳐져 있을까? 우리는 어떤 존재일까? 누구나 자신이 세상의 중심이라 말하지만, 나는 그 말을 믿지 않는다. 저 먼 곳 어딘가에 다른 기회가 숨 쉬고 있다. 내 눈으로 직접 보고 직접 만지고 싶다. 호기심은 두 눈 가득 저 너머를 욕망한다. 바다 속에서 태초의 빛을 찾아 뛰쳐나간 생명처럼, 미지의 곳을 열망한다.

식량이 없을 때면 육지로 건너가 열매나 고기를 구하거나 농사를 짓기도 한다. 늘 든든하게 준비해 두어야 바다 위에서 살아남을 수 있다. 배가 고프면 노를 젓기는커녕, 환마에 사로잡히기 일쑤다. 바다 위에 내리쬐는 햇빛은 강렬하기만 하다.

낯선 공기가 코끝에 맴돈다. 이곳은 어디일까? 환경이 다르면 동식물도 다르다. 나무도 다르고 열매도 다르다. 신비롭고 경이롭다. 이곳 터전에서는 무엇을 얻을 수 있을까? 경계는 필수다. 야만인만 아니라면 분명 좋은 교역지가 될 수 있을 것이다.

그렇게 세계를 연결한다. 우리는 문명을 전달하는 바다의 새다. 자부심 깃든 자주색 옷이 펄럭인다. 세상은 넓고 바다는 끝이 없다.

#신대륙의발견

페르디난드 마젤란 두 번의 시도 끝에 세계 일주에 성공한 최초의 모험가

지금으로부터 8천 년 전에도 비는 내렸다. 특히 어느 날은 매우 많은 비가 내려 홍수가 일어났고, 인간은 오가던 길이 막히거나 따뜻한 대륙으로 이동하는 데 무리를 겪었다. 그들은 문제를 해결할 방법을 생각하기 시작했고, 눈에 띈 것이 굵은 통나무였다. 비나 폭풍, 천둥으로 인해 꺾인, 둥둥 떠다니던 나무는 인간에게 해결의 실마리

를 제공했다. 배의 탄생이었다. 그렇게 인간에게 강과 바다는 더 이상 피해야 할 자연이 아닌, 건너야 할 세계가 되었다. 이른바 '대항해 시대'가 열린 것이다.

사실 처음 신대륙을 발견한 건 우리가 흔히 아는 '크리스토퍼 콜럼버스'가 아니었다. 오히려 그는 모험가나 발견자라기보다는 침략자에 가까웠다. 그의 항해 일지에는 금과 보물에 관한 언급이 수백 차례나 등장했고, 그 스스로 엄청난 수의 노예를 원했다. 그는 1억 명 이상의 원주민 학살의 시초이자, 노예 무역의 대표 주자였다.

신대륙의 발견은 기원전 1200년경에서 900년경에 살았던 페니키아인을 살펴봐야 한다. 페니키아 문명은 최초의 갤리선을 사용했으며, 지중해를 가로질러 해상 무역을 시도했다. 고대의 역사가 헤로도토스는 당시 페니키아인의 이야기를 듣고 '정오의 해가 오른편에 떠 있었다니 믿기 어렵다'고 기록했고, 그의 기록은 오늘날 그들이 아프리카를 일주했다는 근거가 되었다. 적도 남쪽으로 들어서면 한낮의 해가 북쪽과 오른쪽에 위치하기 때문이다. 페니키아인들은 일명 '침묵의 거래'를 했다. 원주민이 해안에 상품을 갖다 놓으면, 그에 걸 맞는 금을 놓고 가는 방식이었다.

하지만 새로운 대륙을 나아갔던 자들만이 배를 몰았던 건 아니었다. 우리는 어느 한편에서 마을과 마을을 이어주는 수많은 작은 배의 존재를 기억해야 한다.

뱃사공

눈을 감고 물길을 느낀다

안개가 자욱하다. 등허리가 쑤시는 것을 보아하니 오늘은 비가 올 것이다. 30년 사공의 감이니 믿어도 좋다. 늙은이가 되면 뼈마디에 축적된 경험과 본능이 머리보다 먼저 소리친다. 기억에는 잊혔지만 몸이 모든 살아 있는 날을 기억하는 것이다.

이른 새벽부터 행인 둘이 배 위에 오른다. 생김새에 귀티가 흐르는 것이 부유한 집안의 자식들이다. 그들은 잠시 인상을 찌푸리더니 투덜대며 자리에 앉는다. 어쩔 수 있으랴! 이 구역의 뱃사공은 나 하나인 것을. 단 하나의 길 위에서는 모두가 평등하다. 부유하든, 가난하든, 외모가 빛나든, 추하든, 신분이 높든, 천하든, 배 위에 잠자코 앉을 수밖에. 참으로 공평한 길이다.

천천히 노를 저어 배를 띄운다. 땅 위에 길이 있듯, 물속에도 길이 있다. 유유히 흘러가는 강물을 보면 빠르게 흘러가던 삶이 잠시 멈추고, 고요한 시간이 찾아들면 행인들은 그 속에서 자신의 삶을 돌아본다. 그들은 움직이는 길 위에서 우수에 젖은 눈빛으로 과거를 회상하고, 현재의 고민을 이야기하며, 미래의 걱정을 풀어놓는다. 참으로 놀라운 길이다.

이렇게 노를 젓다 보면 물고기들이 다가와 노를 치고 지나간다. 수십 년을 오고 갔으니 나를 한 지붕 한식구로 취급하는 것이리라. 그러면 나는 그들에게 화답하듯 부드럽게 노를 젓는다. 말을 하지 않아도 서로를 존중하는 것이다. 내가 수십 년을 안전하게 오갈 수 있었던 것을 순전히 나의 공이라 주장하고 싶지는 않다. 실은 모든 일이 그렇지 않은가? 백성이 없으면 왕이 없듯, 강이 없으면 배도 없는 것이다. 자연을 존중하지 않는 인간에게는 미래가 없다.

강의 중간쯤에 다다르니 안개 속에 휩싸여 아무것도 보이지 않는다. 죽음 뒤에 삼도천이 이런 모습일까. 어머니는 큰 배를 타고 건너셨을 것이다. 평생 누군가를 위해 살아온 분 아니던가. 걱정하지 말자. 천민으로 태어나 한 인간의 소임을 다했으니, 분명 좋은 곳으로 가셨으리라.

눈을 감고 물길을 느낀다. 배는 어디로 흐르고, 강은 나를 어디로 이끄는가. 온몸을 흐름에 맡기면 어느새 목적지에 도달해 있다. 그렇게 수십 번을 왔다 갔다 하다 보면 하루가 금세 저문다. 나이가 드니 팔이 저리고 다리가 부어 온다. 그러면 강물에 좀 더 몸을 맡기고 나아간다. 그러면 되는 것이다. 그들에게 힘을 빌리면 된다.

뱃사공의 운명이 과연 세상에 새겨질지 모르겠다. 책 속에 들어있진 않겠지만, 세상 곳곳에 우리들은 누군가를 위해 길이 되었음을 안다. 그 형태는 바뀔지 모르나 어느 시대, 어느 곳에나 존재하리라는 것을 안다.

안개가 걷히고 하늘에는 별이 가득하다. 배 위에서 강의 물살을 느끼며 눈을 천천히 감는다. 아주 달콤한 꿈일 것이다.

#과거에서현재로

지금까지 우리는 '과거'를 여행하고 왔다. 한 인간의 영혼 속에 들어 갔다 나오기를 반복하면서, 그들이 어떻게 살아왔는지 몸소 체험했다. 인간의 하루 속에는 많은 것이 드러난다. 특히나 그곳에는 한 인간의 삶과 시대가 펼쳐진다. 그 과정에서 우리는 착취, 전쟁, 절망을 맛보기도 했고, 희망, 생각, 꿈을 엿보기도 했다. 이제 우리는 현재로 다시 돌아온다. 현재라는 순간 위로 발을 내딛는다.

인류가 고대에서 중세로, 중세에서 근대로, 근대에서 현대로 나아가는 동안 많은 것이 변화했다. 생존을 갈구하던 원시인은 굶주림을 겪지 않아도, 더 이상 포식자를 피해 다니지 않아도 되었다. 처절하게 싸우던 검투사와 용병 또한 사라졌다. 검투 경기는 3세기 콘스탄티누스 시대에 금지되었고, 용병제 또한 20세기 민족주의가 들어서고 전쟁이 사라지면서 점차 모습을 감췄다. 고통 속에서 살아가던 노예도 사라졌다. 1807년 영국을 기점으로 전 세계는 노예제를 불법화했고, 링컨은 이를 위해 남북전쟁을 일으켰다. 전염병은 의학과 백신, 깨끗한 시설이 들어서면서 더 이상 인류를 위협할 수 없게 되었다. 거의 모든 아동이 예방 접종을 맞고 있고, 아동 생존율은 90%가 넘으며, 인구의 약 9%만이 극빈층으로 산다.

하지만 현재에도 여전히 해결해야 할 문제는 산더미다. 자연재해

와 환경 파괴는 물론 핵무기, 원자로의 위협부터, 끝을 모르고 질주
하는 과학과 자본주의, 빈부격차 그리고 '행복하지 않은 사회'까지.
우리가 갈 길은 여전히 멀고 아득하다. 언제까지나 그럴지도 모르겠
다. 인간은 계속해서 더 행복한 이야기, 더 나은 이야기를 갈망하는
존재이기 때문이다.

PRIMITIVE MAN

GLADIATOR

PHILO SOPHER

Writer

PLAGUE DOCTOR

BUS DRIVER

Fashion Designer

Singer

BAR TENDER

ASTRONAUT

dream maker

ROBOTICIAN

02

현재에

사는

남자

버스기사

한 바퀴, 세 바퀴, 여섯 바퀴

자리를 살핀다. 먹다 버린 사탕 껍데기 몇 개를 주워 온다. 정비를 완료하고 기사석에 앉는다. 어제 사 둔 김밥을 입에 쑤셔넣는다. 변함없는 일상에 익숙한 행복이 깃든다. 습관이란 이런 것일까. 몸이 버스와 하나된 것만 같다. 모든 것이 자연스럽다. 오전 5시 25분, 천천히 차고지를 벗어난다.

첫 번째 손님을 태운다. 모두 익숙한 얼굴들이다. 묘한 동질감을 느낀다. 직장인들은 오늘도 버스를 놓칠세라 뛰며, 여전히 얼굴은 부어 있고, 화장을 하느라 손이 바쁘다. 고속도로에 접어들면 북적대던 차 안은 조용해진다. 모두가 꾸벅꾸벅 졸고 있기 때문이다. 흔들리는 도로 위 침대는 승객들을 더욱 깊은 잠에 빠져들게 한다. 그들은 어머니 뱃속의 아이처럼 편안해 보인다.

해가 뜨고 나서야 수다스러운 분위기가 형성되는데, 대부분 앳된 학생들이다. 재잘대는 새소리가 귓속에 고이 전달된다. 공부, 연애, 학교 이야기다. 나에게 하는 말은 아니지만, 늘 귀를 곤두세운다. 옅은 미소가 입가에 맴돈다. 공부에 치여 나름대로 힘들게 살아갈 테지만 목소리에는 생기가 있다. 세상에 대한 에너지와 설렘이 느껴진다. 딸 생각이 난다. 알아들을 수 없는 단어는 몰래 검색해 보기도 한다. 딸과의 소통을 위한 나만의 비밀스런 세상 공부다.

한 바퀴, 세 바퀴, 여섯 바퀴. 시간은 빠르게 지나간다. 사람이 북적댈 때가 있으면 혼자일 때도 있다. 길이 막힐 때가 있으면 뻥 뚫릴 때도 있다. 너무도 당연해서 더 이상 스트레스 받지 않는다. 그 흐름은 인생과 닮아 있다.

오후가 되면 졸음이 몰려온다. 언제나 제일 위험한 순간은 이 부분이다. 주기적으로 찾아오는 점심, 저녁 그리고 막바지가 늘 그렇다. 커피를 달고 살아도 눈꺼풀은 무겁게 내려앉는다. 카페인에 익숙해진 탓일까. 정신 똑바로 차리자. 졸음운전은 대형 사고의 원인이다. 잠이 깬다는 에너지 음료를 한 캔 더 따 본다. 카페인으로부터 흘러들어오는 책임감이 눈꺼풀을 들어올린다.

처음에는 엄두도 못 냈지만, 때때로 내가 만능 기계가 된 것 같을 때가 있다. 운전은 기본이고, 승객이 오는지, 제대로 요금을 내는지, 무사히 내리는지, 벨은 눌렀는지. 기사의 시선은 종횡무진 돌아간다. 누군가가 보기에는 보잘 것 없이 보일 수도 있겠지만, 가만히 생각해 보면 놀라울 따름이다. 인간에게 불가능은 없어 보인다.

해가 지고 가로등이 하나둘 켜지면, 별 하나 없는 밤이 찾아온다. 새벽녘보다 더욱 피곤한 얼굴들이 나의 움직이는 침대 위에서 졸고 있다. 둔턱이 보인다. 속도를 늦추고 최대한 부드럽게 넘어간다. 천천히 그곳을 벗어난다.

#장난감의귀환

경성부영버스 서울역에서 광화문, 충무로에 이르는 서울 최초의 시내버스

6천 년 전, 한 고대 원시인은 바퀴 달린 얼룩말 무늬의 황소 장난감을 만들었다. 1천9백 년 전에는 남부 멕시코에 살던 한 옹기장이가 점토를 이용해 바퀴 달린 개 모형을 만들었다. 하지만 그뿐이었다. 콜럼버스가 신대륙을 발견하기 전까지 인류는 바퀴를 한낱 장난감으로 사용했을 뿐, 수레나 우마차는 만들지 않았다. 바퀴를 발명하고

도 전혀 활용하지 않은 것이다. 왜 그랬을까? 여러 의견이 분분하나 바퀴는 당시 말이나 낙타, 당나귀에 비해서 효율성이 떨어지는 수단이었음이 분명하다. 포장 도로가 없어 바퀴는 쉽게 진흙탕에 처박혔고, 차축은 망가지기 쉬웠으며, 앞을 가로막는 돌과 나무를 치워야만 지나갈 수 있었다. 이에 반해 동물들은 장애물을 넘거나 돌아갈 수 있었으며, 잘 깔린 길이 전혀 필요하지 않았다. 때문에 인간은 수천 년에 걸쳐 바퀴가 아닌 낙타와 당나귀로 짐을 나르고, 말을 타고 먼 지역을 이동했다. 물론 몇몇 지역에서는 전차나 달구지를 도입하기도 했지만 금세 모습을 감췄다.

하지만 평평한 길이 생겨나면서 바퀴는 짐을 끄는 수레나 사람을 태운 마차, 전쟁을 위한 전차에 이용되기 시작했고, 도로가 정비되며 번영기를 맞이했다. 산업 혁명 이후 쇠로 만든 바퀴가 기차에 도입되었고, 공기를 넣은 고무바퀴가 자동차 발명에 혁신적인 기여를 하게 된다. 그리하여 오늘날 도시에는 하루에도 수억 개의 바퀴가 굴러다니게 되었다. 수천 년 동안 외면당해 왔던 바퀴는 자본주의의 원동력이자 가장 많이 쓰이는 발명품이 된 것이다. 그리고 그중에서도 깨어 있는 시간 내내 바퀴를 굴리는 이들이 있었으니, 버스나 택시를 운전하는 기사들이었다. 그들은 승객을 태우고 목적지까지 데려다주는 일을 했다. 특히 버스기사는 매일같이 새벽 5시에 일어나 같은 경로를 수십 번씩 돌며 사람들을 태워 날랐다. 하루 온종일 졸음을 참아 가며 운전을 하고, 오르내리는 승객을 확인하고, 요금을 받고, 인사를 했다. 많게는 18시간, 적게는 15시간을 운전했다.

끊임없이 굴러가는 바퀴는 지금도 멈출 생각은 없어 보인다. 하지만 자본주의의 성질이 그랬다. 쉴 새 없이 더 많이, 더 빠르게 달려나가야만 했다.

그리고 자본주의에서 굴러가는 건 비싼 바퀴만이 아니었다.

세일즈맨

자신을 내려놓다

씻고, 넥타이를 두르고, 거울 앞에 선다. 그곳에 내가 있다. 각 잡힌 옷매무새, 반듯하게 올린 머리, 기분 좋은 미소. 완벽하다. 마지막으로 현관문 앞에서 눈을 감는다. 그곳에 나를 잠시 놓아둔다. 내가 잘 판매하는 비결이라면 이것이다. 경청. 누군가의 말을 들으려면 우리는 마땅히 자신을 내려놓아야 한다.

첫 번째 문 앞에 선다. 우리는 '문에서 문으로 들어갔다 나오는 사람'이다. 그것이 실제 문이든, 마음 속 문이든 간에.

저 작은 대문이 거대한 성벽 같을 때가 있다. 문을 열기 위해서는 많은 용기가 필요하다. 저 너머에는 공포와 환희, 치욕과 친절, 실패와 성공이 한데 섞여 있기 때문이다. 그것은 묘하게도 자본주의를 닮아 있다.

인간은 위대하다. 나같이 보잘 것 없는 인간도 수없이 거절을 당하고, 좌절을 하고, 수모를 겪으면 한층 강해지는 것이다. 그렇게 나는 비워지고, 영혼은 단단해진다.

집 안에 들어서면 가장 먼저 주위를 둘러본다. 정돈된 책장, 책상 위의 종이와 펜, 흩어져 있는 장난감. 단서가 될 만한 건 단 하나도 놓치지 않는다. 고객을 아는 것이 중요하다. 관심을 쏟고, 정성을 다해 살펴야 한다. 그리하면 진심 어린 공감이 가능하다. 더 나은 환상을 심어줄 수 있다. 허무맹랑한 포장 따위를 이야기하는 것이 아니다. 우리는 어떠한 것을 전할 때, 그를 더욱 기쁘게 만들 수 있지 않은가. 당신의 물건들을 살펴보라. 그 속에는 환상이 숨어 있는 경우가 대부분이니까.

따뜻한 차를 한 잔 마실 동안 먼저 물건을 꺼내 놓지 않는다. 영업이 아닌 상담을 한다. 반가운 이웃처럼 근황을 묻는다. 친구가 되는 것이 첫 번째다. 눈동자를 마주치고, 문제를 함께 고민하고, 더 나아가 해결해 주는 관계로 발전시킨다. 사람이란 응당 자신을 바라봐 주길 바란다. 진심으로 경청하다 보면 저절로 필요한 물건은 떠오른다. 떠오르지 않는다면 그냥 떠나는 것이 좋다. 그들과 나의 신뢰는 그렇게 싹튼다. 가지고 온 물건을 팔려고만 하지 말아라. 스스로 거부를 해야, 승낙이 따라온다.

다리에 감각이 없어질 즈음까지 문을 두들기다 보면 어느새 하루가 저물어 있다. 손에는 지난 7년의 성과가 담긴 조그만 수첩이 있다. 그것은 몇백 명의 소중한 고객 명단이다. 그들은 나의 친구다. 나는 '물건을 파는 사람'이 아닌 '이야기에 귀를 기울이는 친구'가 되고 싶다. 우리도 그래야 한다. 누군가의 진심 어린 이야기를 들을 때, 마땅히 나를 내려놓아야 한다. 먼저 묻고 살펴야 한다. 그래야만 그들을 진정 이해할 수 있을 테니까. 그리하면 내가 누구인지 그들을 통해 알 수 있을 테니까.

#문너머

세일즈맨 1940년대, 농장 여성에게 물건을 파는 세일즈맨

자본주의는 판매의 역사다. 21세기는 한 마디로 '생산자는 끊임없이 만들고, 소비자는 쉴 새 없이 사들인다'로 축약된다. 국가와 사회는 더 나은 전화기, 더 좋은 TV, 더 큰 집을 생산했고, 인류는 이를 쉴 새 없이 받아들였다. 그리고 이러한 물건들을 전국 각지를 돌아다니며

판매하는 이들이 있었으니, 불굴의 의지를 가진 영업사원들이었다.

2000년대 미국의 영업사원은 1천6백만 명에 이르렀다. 그들은 문과 문, 마음과 마음을 끊임없이 넘나들며 물건과 서비스를 팔았다. 영업사원은 자본주의라는 전쟁터 최전선에서 싸우는 전사였다. 그들은 매번 거절이라는 참패를 견뎌내야 했다. 어쩌면 지구상에 그들만큼 거부를 많이 당한 이들도 없었을 것이다. 하루에도 수백 통씩 전화를 돌리고, 수십 번의 문을 두들겼으며, 전국을 돌아다니며 거래처를 확보했다. 눈앞의 판매 실적, 오직 그 숫자만이 그들이 하루 2만 보 이상을 걸으며 매번 마주해야 할 목표였다. 영업사원만큼 성공과 실패라는 자본주의의 양면을 뼈저리게 느낀 이들이 있었을까.

하지만 오늘날 인터넷 시대가 들어서면서 대부분의 인간은 컴퓨터 앞에서 일하게 되었다.

직장인

이번 생은 망했다

젠장, 빌어먹을 아침이다. 조금만 더 자면 안 될까? 잠깐만, 아주 잠깐만 더…! 알람이 다시 울린다. 그 사이에 벌써 십 분이 흐른 건가? 말도 안 된다. 분명 1초 남짓 눈을 감았다 떴는데 시계는 벌써 일곱 시 반을 가리키고 있다.

핸드폰을 집어던지고 부리나케 일어난다. 퀭한 눈으로 대충 세수를 하고, 양치를 하고, 머리를 세운다. 한 달 전이나, 어제나, 오늘이나 다를 바가 없다. 각 잡힌 와이셔츠를 바지 안에 구겨 넣고 빠르게 외투를 입는다. 가방을 들고 현관문을 나선다. 아, 핸드폰. 다시 문을 열고 들어와 아침을 괴롭힌 주범을 주머니에 쑤셔넣는다.

지하철은 늘 우글우글하다. 사람들은 항상 바쁘고, 급하고, 피곤한 얼굴이다. 인생은 바쁠 것이 없다는데 우리는 왜 이리 바쁜 것인가? 그래도 어디론가 일하러 갈 곳이 있다는 생각에 스스로를 위로한다. 아이러니하게도 취직을 하니 퇴사가 꿈이 된다. 때려치우고 싶다가도 나오면 딱히 할 것도 없다. 아무것도 안 하는 삶은 어디 없을까? 자본주의자답지 않은 생각을 한다. 꼬르륵 하고 배에서 소리가 난다. 편의점에 들러야겠다.

빠르게 바뀌는 세상이다. 따라가다 멈춘 나와는 다르게, 다들 살기 힘들다고 하소연하면서도 저마다 대책을 세우는 것 같다. 지난밤 술자리에서 한 친구는 주식과 부동산에 도전한단다. 한 친구는 더러워서 자기 사업을 준비한다며 구상을 늘어놓는다. 나는 그저 고개만 끄덕이며 주먹을 맞대어 주었다. 뒤처지는 기분이다. 그런데도 나는 아무것도 하고 싶지가 않다. 귓속으로 망할 유행어가 스멀스멀 흘러 들어온다. "이번 생은 망했다."

참 이상하게도 퇴근 시간에 가까워지면 일이 들어온다. 야근 확정이다. 당연한 일인 듯 무심한 표정으로 모니터만 멀뚱멀뚱 바라본다. 모든 것이 붕붕 떠다니는 것만 같다. 번아웃 증후군인지 요즘엔 자꾸만 이상한 생각이 든다. 인간이 컴퓨터를 조종하는 것일까? 컴퓨터가 인간을 조종하는 것일까?

그렇게 무기력한 하루가 끝나 간다. 무표정으로 늘 똑같은 퇴근길을 걷는다. 이쯤 되면 출퇴근하는 로봇이 아닐까? 뿌연 입김이 뭉게뭉게 올라간다. 하늘을 쳐다봐도 별 하나가 없다. 먼 곳에 있는 엄마가 떠오른다. 나는 그저 효도하고 싶을 뿐인 아들이었다. 오늘따라 아버지의 등이 생각나는 이유는 뭘까? 언젠가는 나도 자랑스러운 아들이 될 수 있을까? 나도 아빠가 될 수 있을까?

고층 건물들 사이에는 나른한 빛이 새어 나온다. 왠지 슬프다. 집으로 돌아오면 텅 빈 방이 나를 반긴다. 짙은 어둠 속에서 옷가지만 대충 걸어놓고, 침대에 엎어진다. 씻어야 하는데… 출장 준비도 해야 하는데… 눈꺼풀이 너무 무겁다. 누가 나 좀 일으켜줬으면 좋겠다. 예전 그….

#인간쳇바퀴

근로 시간 한국의 주 평균 근로 시간은 42.8시간(2017년)으로, OECD 회원국 중 세 번째로 높다

인류사를 통틀어 대부분의 사람들은 무엇을 위해 일했을까? 그것은 행복이나 자아실현, 위대한 목적의식 같은 게 아니었다. 그들 대부분은 초창기의 원시인처럼 여전히 '생존'을 위해 살아갔다. 근대 후기에 이르기까지 90%의 사람들은 땀 흘리던 농부였고, 이후에도 공

장 노동자나 단순 서비스 직종에 종사했다. 현재에도 한국의 직장인 60.7%가 '생계 유지'를 위해서 일한다고 하니, 과거 신분제나 계급 사회, 걸핏하면 목숨이 날아가던 시절에는 거의 모두가 생존을 위해 일했다고 봐야 마땅하다. 지구를 살다 간 대부분의 인간이 '하고 싶은 일'보다는, 그저 살아가기 위해 '해야 할 일'을 했다는 것은 꽤나 슬픈 일이다.

그렇게 인간은 살기 위해 경쟁하고, 경제 능력을 갖추고, 끝없이 달려나가야만 했다. 힘들다고 해서 포기할 수 있는 성질의 것이 아니었다. 설령 스스로가 사회에 맞지 않더라도, 그 질서에 따르고 순응해야 했다. 반복되는 인간 쳇바퀴 속에서 그들의 삶은 빠르게 사라져 갔다.

좋은 소식은 자기 자신의 삶을 찾아가는 사람들이 점차 많아지고 있다는 것이다. '인생은 단 한 번뿐'이라는 세계적 흐름인 욜로(YOLO) 현상이 그 대표적인 예가 될 것이다. 그 모두의 상황을 헤아리지는 못하겠지만, 우리에게 필요한 것은 쳇바퀴 위에서 잠시 내려와 제멋대로 살아가는 작은 용기일지 모른다.

하지만 여전히 이런 결정이 쉽지 않은 일임은 분명했다. 자본주의 체제는 대부분의 인간을 숫자 속에 가두고, 돈의 노예로 만들어 버렸기 때문이다.

회계사

돈이 사람을 만든다

오늘의 숫자는 한 사람의 삶을 드러낸다. 그렇기에 우리는 숫자를 지배하기도, 숫자에 지배되기도 한다. 희로애락이 섞여 있는 돈의 세계가 내 눈앞에 펼쳐진다.

세금을 내고, 재무제표를 작성하고, 한 기업의 재무 상태를 점검한다. 월급을 주고 영수증을 관리한다. 영수증만 보더라도 많은 것을 알 수 있다. 영수증은 한 사람의 라이프 스타일을 있는 그대로 드러낸다.

돈이 사람을 만든다는 말은 얼마나 맞는 말이던가. 얼마를 한 달에 쥐어주느냐에 따라 그 사람은 다른 세계에 살아가게 될 것이기 때문이다. 오 팀장의 경우 사원일 때의 씀씀이와 전혀 다른 모습을 보인다. 가는 곳이 다르고, 먹는 것이 다르다. 조급했던 성격도 많이 여유로워졌다. 하지만 예전에는 착실했던 사람이 지금은 몰라보게 달라졌다. 게을러진 것은 물론, 이제는 오만한 말투와 태도까지 겸비하게 되었으니, '사람 변했다'라는 말이 딱 어울린다. 숫자는 천천히 우리를 잠식한다. 그는 성실했지만, 착해 빠진 것으로는 승진이 안 된다는 것을 알았던 것이다. 열심히 하는 것보다 중요한 것은 사내 정치와 줄타기라는 것을, 그는 깨닫고야 말았다. 그는 변했다. 그의 통장에 찍히는 숫자의 앞자리는 달라졌다. 그는 무엇을 잃었고 무엇을 얻었을까? 만약 잃은 것이 크다면 그것은 누구의 잘못일까?

돈 그 자체는 잘못이 없다. 돈은 곧 자유이자 힘이다. 하지만 때때로 자유가 우리를 망친다. 자유를 얻기 위해 목적에 희생된 가치들이 얼마나 많던가. 역사상 올바르다고 할 수 있는 숫자는 얼마나 되는가.

그럼에도 불구하고 나는 나의 숫자를 정리한다. 수입과 지출, 세금을 계산하여 한 사람 한 사람의 삶을 보고, 기업의 운명을 가늠한다. 그래서 더더욱 바른 숫자가 쌓여 갈 수 있도록, 한 사람이 누군가를 돕고 정당한 숫자를 얻어갈 수 있도록 최선을 다한다. 훌륭한 목적의식을 가진 기업이 더 오래 존속할 수 있도록 돕는 것이다. 숫자에 잠식되지 않으려면 자신이 무엇을 하는지 늘 점검할 필요가 있다.

이제 나는 컴퓨터를 끈다.

준비해 왔던 사직서를 조심스레 꺼내 든다. 조각가가 재료를 고르듯 회계사는 숫자를 선택할 권리가 있다. 썩어빠진 숫자들을 없애려면 마땅히 그래야 한다. 누군가 이 자리를 대신하겠지만 아무렴 어떤가. 나는 나의 역할을 할 뿐이다. 설사 다른 누군가로 채워진다 해도 나보다 잘할 수는 없을 것이다. 나의 '이유'는 그 누구보다 강하기 때문이다. 사장실로 가는 발걸음이 한결 가벼워졌다. 우리는 우리의 숫자를 선택해야 한다.

#숫자속의인간

아우구스투스 고대 로마의 초대 황제로 각 가정의 가계부를 감사해 회계를 번창시켰다

회계는 역사상 한 국가의 흥망성쇠가 걸린 중요한 업무였다. 회계의
중요성을 최초로 인지한 것은 초기 로마의 황제였던 아우구스투스
였다. 실제로 《업적록》에는 전투에서 승리한 군인에게 1억 7천만 세
스테르티우스(고대 로마의 화폐)를 지불했다고 쓰여 있다. 그가 공개적

인 회계 정책을 펼쳤음을 알 수 있다. 시대를 앞서는 매우 뛰어난 국가 경영이었다. 하지만 고대부터 중세까지 대부분 국가들의 회계는 매우 형편없었다. 과거에는 국왕의 개인 지출이나 소득은 비밀리에 부쳐졌고, 이를 조사하거나 검문하지 않았다. 오히려 모두 쉬쉬하는 분위기였다. 정치가이자 철학가였던 키케로는 로마의 부실 장부를 비판했다가 머리와 손이 잘려 광장에 전시됐으며, 루이 14세는 죽기 직전에 과도한 지출로 프랑스를 파산시켰음을 시인했다.

회계가 발달하기 시작한 것은 12세기 이탈리아에서였다. 그들은 매우 부유했고, 이를 관리하기 위한 새로운 회계 기술이 필요했다. 그때 등장했던 것이 복식 부기였는데, 이는 단순히 수입과 지출만을 계산하는 게 아닌, 자산과 부채라는 개념을 포함해 돈을 관리하는 방법이었다. 이를 통해 인류는 사업의 총이익을 투자자들에게 분배하는 데 효과적인 계산을 할 수 있게 된다. 인간은 회계를 통해 더욱 효율적인 경영을 할 수 있게 되었다. 올바르고 뛰어난 기업, 투명하고 튼튼한 국가는 바로 이 회계에서부터 시작되었다. 회계사는 그런 면에서 매우 중요한 직업이었다. 그리고 지금도, 앞으로의 미래에도 숫자가 우리를 지배하기 전에 우리가 먼저 숫자를 선택하고 지배해야 할 것이다.

한편, 푹신한 의자에 앉아 회계사의 장부를 들여다보던 사람이 있었다.

CEO

- -

실패는 오래가지 않는다

새벽 5시, 눈이 저절로 떠진다. 커튼을 치고 이부자리를 말끔히 정리한다. 차를 마시며 푸른 새벽을 음미한다. 그 후에는 생각을 정리하기 위해 바른 자세로 가부좌를 틀고, 명상을 시작한다. 다양한 생각들이 머릿속을 스쳐 지나간다. 시간이 흐르면 잡념은 사라지고 중요한 질문들이 하나둘 머릿속에 떠오른다. 어떻게 하면 지금보다 더 나은 삶을 누릴 수 있는가? 어떻게 하면 더 많은 이를 도울 수 있는가? 문제 해결을 위해 지금 당장 해야 할 일은 무엇인가? 나의 우선순위는 그렇게 정해진다. 삶을 성공적으로 이끄는 비밀은 중요한 질문을 머릿속에서 빠져나가지 않게 하는 것에 있다.

전날 밤, 비서가 미리 전해준 일과표를 확인한다. 점심에는 미팅이 한 건, 오후와 저녁 내내 일터에서 전략을 짜고 실행해야 한다. 오전은 되도록이면 비워둔다. 그 시간에는 운동을 하고, 글을 쓰거나 장기적인 삶의 목표를 수정한다.

가볍게 동네 한 바퀴를 돈다. 귀에는 오디오북이 쉴 새 없이 나를 가르친다. 시간은 중요한 자원이다. 낭비한 시간만큼 아까운 것도 없다. 하나도 버리지 않고 주워 담는다. 머릿속에는 해결하고자 하는 문제와 질문들이 여전히 둥둥 떠다닌다.

운동이 끝나면, 아침을 간단히 먹고 책을 읽는다. 무언가 흥미로운 게 있으면 완전히 빠져든다. 그에 대한 기사를 보고, 관련된 책을 읽고, 전문가를 만나 묻는다. 그러고는 사업에 어떻게 적용할 수 있을지 생각한다. 이후에는 정신없이 하루가 흘러간다. 잠깐의 커피 타임 외에 쉴 시간이 그다지 많지는 않다.

계약한 공장 몇 개가 파산했다. 내 책임이다. 좀 더 신중한 결정을 했어야 했고, 깊이 알아봤어야 할 일이었다. 몇몇 투자자는 나에게 전화를 걸어 걱정을 토로했다. 머리가 지끈거린다. 허나 다시 되살리면 될 일이다. 방법은 언제나 있고, 실패는 오래 가지 않는다. 그것이 내가 살아오면서 깨달은 가장 중요한 지혜 중 하나다.

늦은 시각까지 작업을 한다. 회사가 어려울수록 사장은 더욱 고심하게 된다. 각자 자리에 알맞은 책임감을 가져야 기업은 굴러간다.

그런 면에서 나는 가장 무거운 책임감을 안고 있다. 삶을 살아가다 보면 책임감만큼 나를 짓누르는 것도 없다. 그것이 직장이든, 가정이든 간에.

이따금 외로움이 엄습한다. 하지만 지독한 낙관주의는 나를 기어코 앞으로 이끌어 간다. 기업가 정신은 이 얼마나 위대한가! 다시금 낡은 경영서를 꺼내 든다.

어느덧 자정이다. 책을 덮고 눈을 감는다. 생각은 여전히 중요한 질문 하나에 머무르고 있다.

#번영의왕

유한양행 유일한 박사가 세운 제약 회사로, 국내 최초 전문 경영인(CEO) 제도를 실시했다

18세기 산업 혁명 직후, 드디어 오늘날의 거대한 경영 형태가 처음 등장하기 시작했다. 경제 활동의 자유, 운송 수단의 발전으로 전 세계를 상대로 한 무역이 가능해졌고, 국가는 자신들의 실용적인 물품을 유럽과 아프리카, 아시아 등지에 판매했다. 그러면서 이를 굴러

가게 하는 똑똑하고 야심찬 인물들이 함께 등장했는데, 그들이 바로 경영자이자 기업가, 오늘날의 CEO였다. 그들은 조직과 시스템을 구축하고, 자본주의 선두에 서서 미래를 지휘했다. 인류는 그들이 휘두르는 산업 오케스트라를 통해 더 나은 물건, 더 나은 서비스를 생산했다. 사실상 오늘날 이들이야말로 자본주의의 왕이나 다름없었다.

하지만 급격한 산업 발전을 빌미로 인류는 극악무도한 짓을 저지르기도 했다. 강대국은 대량 생산한 물건을 팔기 위해 약소국을 침략하여 식민지로 만들었다. 그들은 희생양이 되어 신문물을 강제로 받아들여야만 했다. 1, 2차 세계 대전은 사실상 식민지 쟁탈전에서 비롯된 것이었다. 공장을 소유했던 부르주아, 상류층, 최고 경영자는 끊임없이 생산했고, 이를 세상에 팔기 위해 수단과 방법을 가리지 않았다. 20년간 벨기에의 식민지였던 콩고는 약 1천만 명이 희생되었다. 역사상 식민지 학살로 인해 희생된 원주민의 숫자는 1억 명에 육박한다. 찬란한 문명 뒤의 참혹한 비극이었다.

하지만 실질적으로 자본주의 세상을 주무르는 자들은 따로 있었다. 그들은 거대한 자본으로 CEO를 조종했다.

투자자

이 모두는 당신의 선택이다

삶은 투자다! 당신은 곧 알게 될 것이다. 과거의 모든 선택이 당신의 운명을 결정하고 있음을. 작은 날갯짓 하나가 거대한 태풍으로 변해 당신을 휘감아 어디론가 데려가고 있음을. 그 흐름과 방향은 시간이 지날수록 바꾸기 힘들다는 것을!

투자는 선택이다. 가치 있는 것을 알아보고 선택하는 기준이자 철학이다. 그리고 그 순간은 일상 속에서 끊임없이 반복된다. 좋아하는 일을 할 것인가, 말 것인가? 이상형에게 고백할 것인가, 말 것인가? 정직하게 살 것인가, 비열하게 살 것인가? 인생은 선택의 연속이며, 우리는 그 기회와 치러야 할 비용을 면밀히 살펴봐야 한다.

나는 그 기준점을 위해 매일 아침 신문을 읽는다. 나는 지금 어디에 있는가? 무엇이 정말로 가치 있는 것인가? 시대는 어떻게 변화하고 있는가? 단순히 돈놀이를 하는 것이 아니다. 도박판 위에 주사위를 굴리며 시시덕거리지 않는다. 그들은 돈에 눈이 먼 멍청한 투기꾼일 뿐이다. 투자자는 질문하고 관찰한다. 더 가치 있는 것이 무엇인지 판단하고 선택하는 것이다.

오후에는 대체로 사람을 만나러 다닌다. 나의 캘린더는 365일 약속으로 가득 차 있다. 현명한 이들을 만나 토론하고 시대를 가늠한다. 가능하면 무엇인가를 오랫동안 생각하고 연구한 자를 만난다. 그들의 이야기를 듣다 보면, 세상을 바라보는 눈이 한층 성장한다. 다양한 각도에서 세계를 바라볼 수 있기 때문이다. 끊임없는 공부만이 선택의 질을 높일 수 있다.

저녁에는 가족과 시간을 보내며 투자한 항목을 세심하게 점검한다. 무엇보다 나는 한없이 작은 에너지를 좋아한다. 아직은 땅속에 묻혀 있는, 천 년을 영위할 고목의 씨앗처럼, 동굴 깊숙한 곳에서 빛나는 다이아몬드처럼, 작지만 큰 잠재력을 가진 것을 사랑한다. 그들이 만들어 낼 더 나은 세상을 상상한다. 내 선택이 어떠한 결과를 일으킬지 벌써부터 흥미진진하다. 그것이 나의 삶에서 가장 재미있고 흥미로운 게임이다.

자, 이제 당신의 게임을 할 차례다. 꼭 주식만을 이야기하는 것은 아니다. 내가 알려줄 것은 투자의 눈밖에 없다. 당신은 무엇에 투자하고 있는가? 스스로에게 투자하고 있는가? 남에게 투자하고 있는가? 사랑하는 사람에게 시간을 쏟는가? 쓸데없는 걱정과 분노에 시간을 쏟는가? 가치 있는 만남에 투자하는가? 허울뿐인 만남에 투자하는가? 이 모두는 당신의 선택이다. 그리고 그 선택은 분명 태풍으로 되돌아온다. 부디 당신의 투자가 큰 행복과 결실로 다가오길 바란다.

#순간의선택

네덜란드 동인도 회사 세계 최초의 다국적 기업 형태의 주식회사

오늘날 세계 경제를 주무르는 자는 단연 '투자자'다. 그들은 미래 산업을 주도하고, 자본주의를 선도한다. 과거에는 계급과 군사력으로 세상을 지배했지만, 이제는 부와 그 부를 가져오는 정보가 세상을 지배하게 된 것이다.

투자의 기원은 네덜란드의 '동인도 회사'였다. 이는 최초의 주식회사이자 '다국적 무역 회사'였다. 17세기 유럽에서는 해상 무역이 발달하면서 무역 회사가 동시다발적으로 생겨났다. 경쟁이 심해지자 가격에 부작용이 일어났고, 자국의 물건을 해외에서 사는 게 더 저렴한 아이러니한 상황이 되었다. 국가는 이들을 통합해 공동 이익을 얻을 수 있도록 조치했는데, 이것이 바로 오늘날 투자자와 주식 투자의 시초가 된다. 그들은 유망한 사업에 공동 투자하여 이익이 나면 투자한 만큼 나눠 가질 수 있게 된 것이다. 이와 같은 개념은 현대에 와서 거대한 '주식시장'을 만들어 낸다.

하지만 투자는 세계 무역 전쟁의 시초였고, 경제 위기, 버블 사태를 초래하며 수많은 사람을 빚쟁이, 실직자로 만들기도 했으며, 투자 실패로 한순간에 거리에 나앉는 이들도 부기지수였다. 1929년 발생한 '경제 대공황'은 세계의 30%의 노동자를 실업자로 만들어 버리기도 했다. 현재 주식시장은 5경 6천조에 육박하며, 지금 이 순간도 계속 불어나고 있다.

투자의 정의를 살펴보면 '어떠한 이익을 얻기 위해 돈이나 시간, 자본을 쏟는 것'이다. 그런데 범위를 좀 넓게 보면, 삶을 살아가는 순간부터 우리는 투자를 해오고 있는 것과 다름없다. '어떠한 선택이 나에게 이득이 될 것인가'는 누구나 무의식적으로 생각하고 행동하고 있기 때문이다. 선택이 우리의 미래를 만들고 있는 것이다. 우리가 자신의 이익뿐 아니라 전 지구적 차원의 이익을 함께 생각할 때 그리고 그러한 관점에서 투자할 곳을 선택할 때 비로소 인류는 좀 더 앞서 나갈 수 있게 될 것이다.

하지만 막대한 부와 찬란한 자본주의도 해결할 수 없는 것이 하나 있었으니, 현대인의 깊어져만 가는 '외로움'이었다.

바텐더

역시 사람이다

우리는 모두 외롭다. 현대인의 종착역, 이곳에는 외로움의 색이 짙게 배어 있다. 위스키 한 잔 속에는 인간을 향한 위로가 들어 있고, 그것은 목구멍으로 흘러들어 쓸쓸함을 불태운다. 물론 그 또한 잠시겠지만.

밤과 새벽에는 시간이 더디게 흐른다. 나 같은 올빼미족들은 이해할 것이다. 그 나름의 정취와 냄새, 고요함 속의 설렘을. 눈과 귀는 점점 선명해지고 머리는 맑아진다. 하지만 그와 동시에 마음 속 외로움도 더욱 선명해진다. 이것만 빼면 밤은 완벽할 텐데.

외로움을 해소하는 방법이라면, 역시 사람이다. 사람이기에 외롭고, 사람 때문에 더 외로워지며, 사람 덕분에 외로움이 사라진다. 그렇기에 이곳이 존재하고, 내가 존재한다. 바에 앉은 모든 이의 친구가 되는 것이다. 잠깐이지만 그것으로 오늘밤은 충분하다.

나 같은 하룻밤 친구에게 중요한 것이라면 질문과 공감이다. 외로움의 양상은 저마다 다르지만 누구나 원하는 것은 같다. 자신의 삶에 대한 관심, 이야기에 대한 경청 그리고 그 생각을 함께 느껴 주었으면 하는 바람이다. 물론 백 퍼센트 이해하지 못한다는 것은 서로가 잘 알고 있다. 그럼에도 불구하고 그 작은 조각을 공유하는 것만으로도, 누군가가 곁에 있다는 것만으로도, 인간은 위안을 얻는다.

거기에다 적절한 칵테일까지 건네주면 금상첨화다. 나에게는 상황을 주제로 한 칵테일 컬렉션이 있는데, 그 이름에는 자부심이 깃들어 있다. 상사에게 바치는 사표주, 헤어진 연인에게 바치는 욕짓거리주, 세상에게 바치는 엿먹어라주 등이다. 재미없다고? 당연하다. 이것은 그런 고민을 안고 들어온 이에게만 통하는 웃음이기 때문이다.

가끔씩 외로움이 사무칠 때 오는 사람이 있는가 하면, 제집 드나들듯 자주 오는 이들이 있다. 평생을 같은 문제로 씨름하는 이들이다. 소외된 천성과 생각을 가진 이들. 선 밖에 살아가는 자들. 세상에는 언제나 부적응자들이 존재한다. 시대를 잘못 태어난 탓일까. 보편적 특성을 타고나지 못한 탓에 외로움을 타고, 시대를 거스르며, 사랑을 하기 힘든 이들이다. 물론 어느 제도, 어느 사회, 어느 문화에서도 그와 같은 사람들은 존재한다. 중요한 건 누구도 틀렸다고 생각하지 않는 시선이다. 모두가 바텐더의 마음을 가진다면, 아주 조금은 세상의 온도가 높아지지 않을까.

질문을 건네고, 이야기하고, 웃는다. 그것이 어쩌면 전부다. 외진 곳에 자리한 소박한 바에는 그렇게 빠르지만 더디게 시간이 흐른다.

#위스키한잔속위로

바텐더 1911년, 캐나다 세인트 찰스 호텔 바에 다섯 명의 바텐더가 줄지어 서 있다

고독(孤獨)은 오이에서 생겨났다. '오이 과(瓜)' 자는 마디 하나에 딱 하나의 열매만이 열리기에, 그 형태를 본떠 만들어졌다. 그런데 그 모습이 다른 쌍으로 열리는 식물에 비해, 무척 외로워 보였다. 그렇게 '외로울 고(孤)'는 '오이 과(瓜)' 자에서 비롯되었다.

사실 16세기까지만 해도 외로움은 잘 쓰이지 않는 개념이었다. 1674년에 존 레이가《흔히 쓰이지 않는 용어》에서 처음 외로움이라는 단어를 정의했는데, '이웃에서 멀리 떨어진 사람이나 장소'를 뜻했다. 과거에는 지금보다 훨씬 강한 집단의식, 공동체 속에 살았기에 좀처럼 외로움이란 감정이 자리잡지 못했을 것이다. 하지만 16세기 르네상스 이후 개인주의가 들어서면서 외로움이 급부상했다. 대가족에서 핵가족으로, 자녀를 거부하는 딩크족에서 결혼을 거부하고 혼자 살아가는 나홀로족까지. 오늘날 우리가 개개인으로 분리될수록 외로움은 눈덩이처럼 커져만 갔다.

외로움이 깊어지는 동안 19세기 초 영국에서는 '바' 형태의 술집이 처음 생겨났다. 당시에는 위스키나 브랜디 같은 독주가 성행했는데, 이는 노동자들이 빠르게 일터로 돌아가야 했기 때문이다. 이에 용이한 것이 바였다. 산업 노동자들은 그 속에서 10분 남짓한 시간 안에 독한 술을 입에 털어 넣고 급히 돌아갔다.

현대인들은 외로움 때문에 매년 수십억 리터의 술을 소비한다. 그런 면에서 바텐더는 많은 이에게 외로움을 해소시켜 주는 존재로 보인다. 칵테일과 위스키라는 아름다운 술과 함께 훌륭한 대화 상대까지 되어주니까 말이다.

그리고 바텐더의 목소리 뒤로 고독한 바 한쪽에서는 재즈 풍의 쓸쓸하고 아름다운 노랫소리가 울려 퍼지고 있었다.

가수

피와 땀, 눈물

목구멍에서 핏덩이가 툭 하고 나온다. 무대 위에는 나홀로 서 있다. 공연장에는 아무도 없다. 새장 속의 종달새처럼 끊임없이 노래를 부르지만, 결국은 갇혀 있다. 얼굴도 모르는 이가 손가락질을 한다. 목이 아프다. 목소리가 나오지 않는다.

악몽에서 깨어난다. 목덜미를 부여잡고 목소리가 나오는지 재차 확인한다. 갈라진 음이 몇 번 나오면, 그제야 안도의 한숨을 내쉰다. 공연 시간이 코앞에 다가왔다. 불안감일까. 악몽이 잦아졌다. 텅 빈 무대, 피가 나는 목, 나오지 않는 목소리. 언제나 비슷하게 전개되는 세 개의 상황에 씁쓸한 미소를 짓는다.

따뜻한 차 한 잔으로 목을 적신다. 목 관리가 중요하다. 목은 실오라기처럼 섬세하고, 금방이라도 깨질 듯한 유리처럼 약하다. 가수란 무대에서 극도의 감정을 전달하는 직업이므로 공연 준비를 하다 보면 무리하기 마련이다. 목 상태를 유지하는 것과 완벽한 연습 사이에서 아슬아슬한 외줄타기를 한다.

공연장으로 가면서 머릿속으로 끊임없이 시뮬레이션한다. 목을 풀고, 가사를 다시 한 번 외워 본다. 수백 수천 번을 불러도 잊어먹을 때가 있다. 마지막까지 최선을 다해 연습하고 집중하고 준비한다. 간밤에 꾼 꿈 때문인지, 불안감이 스멀스멀 올라와 나를 짓누른다.

리허설을 할 때는 극도로 예민해진다. 무대 장치, 마이크의 상태, 악기 소리 등 하나하나를 완벽하게 점검하고 체크한다. 작고 섬세한 것을 놓치면 전체가 무너진다. 관객들의 감정을 어루만지고 끌고 가는 일은 절대로 혼자서 할 수 없다. 스태프, 연주자, 모든 관계자의 노력이 있기에 가능한 일이다. 기억하라. 화려한 빛 뒤에는 수많은 그림자가 있다.

빛이 들어오고, 사람들의 환호성과 박수 소리가 들려온다. 공연장을 가득 채운 사람들을 보면 가슴 한 구석에서 짜릿함과 감동, 두려움과 부담감의 물결이 진하게 밀려들어온다. 이 순간이다. 이 한순간을 위해 살아간다. 피와 땀, 눈물과 함께 모든 것을 쏟아 낸다. 꿈인지 현실인지 헷갈린다. 눈 깜짝할 사이에 끝이 난다. 무얼 했는지 모른 채 무대 아래로 내려온다. 공연은 잘 기억나지 않는다. 그만큼 몰입했다는 뜻이리라.

집으로 돌아오면 텅 빈 방이 나를 기다린다. 때때로 그 간극이 너무 커서 아찔하다. 현기증이 인다. 화려한 무대에서 외로운 일상으로. 수백 명의 팬들의 사랑 속에서 아무도 찾지 않는 노가수로. 무대와 일상, 과거와 미래는 극과 극을 오간다. 즐겁고 짜릿하지만, 허망하고 허무하다. 배부른 소리일 수도 있다는 것을 안다. 그러나 순간은 짧고, 삶은 길다. 의외로 주목받는 업을 가진 사람들에게 정신병이 얼마나 많은지 알게 되면, 당신도 깜짝 놀랄 것이다.

자기 전에는 따뜻한 물 한 모금으로 목을 적신다. 목에는 목도리를 맨다. 이불을 천천히 끌어올린다. 몸을 더욱 웅크린다.

#극과극

록큰롤의 제왕 20세기 가장 영향력 있는 대중 가수로 평가받는 엘비스 프레슬리

오늘날 음악은 인간의 일상을 깨우고, 희로애락을 함께하며, 영혼을 치유하는 현대인의 안식처다. 과거에는 상류층이 즐기는 오락이나, 신을 노래하는 성가로 사용되었지만 지금은 모두를 위한 대중음악으로 확고하게 자리 잡았다. 카세트테이프, CD, 음원 등 음악을 담

는 그릇의 발전뿐 아니라, 이를 전달하는 라디오, TV, 인터넷 등의 대중 매체의 큰 발달이 있었기에 가능했다. 19세기까지만 해도 악보를 팔아 간신히 수입을 올리던 작곡가들도 현대에 와서야 비로소 음악으로 꽃을 피울 수 있게 된 것이다. 이제는 클릭 한 번이면 4천만 곡의 음악을 단번에 만나볼 수 있다. 그리고 신이 아닌 인간 중심의 인본주의 사상이 도래하면서, 인류는 인간의 목소리와 그 감정을 전달하는 인간 그 자체에 집중하기 시작했다. 그렇기에 대중음악에서 곡의 주인은 작곡가가 아닌 그것을 부른 가수에게로 돌아갔다.

하지만 그들의 삶은 극과 극을 오갔다. 오늘날 가수로 살아가려면 대중의 관심을 받기까지 피나는 노력과 재능은 물론 젊음까지 바쳐야 했다. 전 세계 수많은 사람이 가수에 도전하지만 선택되는 자는 소수에 불과하다. 또한 인기를 얻더라도 대중들의 눈과 귀에 속박되어 버린 자유, 끊임없는 구설수, 극과 극을 오가는 무대와 삶의 불균형은 큰 공허감과 우울증을 동반한다. 대중의 과한 관심을 받는 직업일수록 빛 뒤에 짙은 그림자가 어려 있다.

그리고 다른 한편의 현대인은 집에 들어가자마자 리모컨을 손에 집어 들었다. 그곳에는 한 인간이 연기를 하고 있었고, 현대인은 그에게서 자기 자신을 보았다.

배우

무엇이 나를 만들게 될까?

하인이 되고, 가수가 되고, 직장인이 되어 바쁘게 출근한다. 조폭이 되어 칼에 맞아 죽고, 사랑하는 여자를 지키다가 죽고, 현실이 괴로워 물에 빠져 죽는다. 꿈결 같은 사랑에 빠졌다가, 지옥 같은 이별을 견뎌 낸다. 순간순간의 고통과 기쁨이 그대로 전달된다. 무의식 속의 다채로운 필름은 끊임없이 재생된다. 정신없이 몰입하다 영화가 끝나면, 식은땀으로 침대가 흥건하다. 내 속엔 내가 너무 많다.

샤워를 한 후 거울 속의 나를 살핀다. 옷을 갈아입고 차를 끓인다. 대본을 펼친다. 보이지 않는 그의 인생을 뼈마디로 느껴 본다. 표정하나, 대사 하나, 행동 하나를 놓치면 안 된다. 디테일이 차이를 만든다. 관객은 바보가 아니다. 제대로 된 연기를 하려면, 그 인물을 살아내야 하는 것이다.

'나는 독립투사다. 나라를 지킨다.'

끊임없이 자기 최면을 걸고, 하루를 투사처럼 살아간다. 걸음걸이, 표정, 말투가 바뀌어 간다. 나를 없애는 것은 배우의 숙명이다. 때때로 내가 누군지 알 수 없게 되어, 우울증에 빠지기도 한다. 인물이 어두울수록 더욱 그렇다. 그 모두가 나라고 생각하면 마음 편하겠지만, 쉬운 일은 아니다. 나는 그래서 나다운 것이 생각날 때마다 적어 놓는 버릇이 있다. 내가 누구인지 알 수 없을 때 보기 위해서다.

늦은 밤까지 촬영이 진행된다. 입김이 공기 중에 타오르고, 스태프들은 분주히 움직이고, 감독님의 우렁찬 목소리가 울려 퍼지면 배우들의 연기가 시작된다. 대사 몇 마디에 혼신의 힘을 다한다. 격렬한 연기 끝에 오케이 사인이 나면 말할 수 없이 뿌듯하다. 비록 한 장면이고, 그마저도 화면에 제대로 비칠지 모르지만 아무렴 어떤가? 가족과 친구들은 기필코 찾아낼 테니 걱정하지 않아도 된다. 나의 역할을 잘해내면 그만이다. 언젠가 내게 딱 맞는 주인공을 찾아 주연이 될 날도 머지않았다.

집에 돌아와서는 나의 연기를 점검한다. 무엇이 부족했고, 무엇이 좋았는지. 자기 점검은 배우에게 필수적인 과정이다. 자신을 체크하고, 발전하는 자에게 진정 미래가 있다. 입으로는 닭다리를 뜯는다.

몇 푼 안 되는 수입으로 오늘은 치킨을 사왔다. 오늘의 독립투사에게 주는 선물이다.

다음은 누구를 살아내게 될까? 내 안에 누가 들어오게 될까? 무엇이 나를 만들게 될까?

#내안의인류

디오니소스 극장 그리스 아테네에 세워진 대형 야외극장으로 서양 극예술의 탄생지다

배우의 기원은 '극'에서 비롯된다. 고대 그리스의 디오니소스 극장에서부터, 중국의 경극, 한국의 국중 대회, 원시 신앙인 굿 또한 여러 사람이 함께 보는 볼거리라는 측면에서는 극이다. 인간은 이야기를 만들고, 이를 좀 더 실감나게 전달하기 위해 그 속에 들어가 연기했

는데 이것이 배우의 시초였다.

그들은 극중 캐릭터가 되어 말을 하고, 눈물을 흘리고, 춤을 추며 기뻐했다. 많은 분량의 대사를 외우는 순간만큼은 경이로운 기억력과 상상력으로 다른 사람이 되었다. 그러면 사람들은 그들에게서 자기 자신의 모습, 다른 이의 모습, 신과 영웅의 모습을 보고 함께 울고 웃었다. 이를 통해 어려운 글자를 읽지 않고도 흥미로운 삶을 살아보는 경험을 할 수 있었으며, 삶의 지혜나 교훈 또한 함께 얻어갈 수 있었다. 오늘날에도 그들은 인류 최대의 오락거리이자 문화생활인 영화나 드라마 속에서 누군가를 연기하고 있으며, 매 순간 다른 무언가로 변신하고 있다.

그리고 무대 뒤에서 그들의 변신을 돕는 이들이 있었다.

패션디자이너

근사한 영혼으로 만들어 준다

옷은 당신을 다른 사람으로 만들어 준다. 이것이 삶의 비밀이다! 믿든 안 믿든, 나는 그러한 신념으로 일을 한다. 재봉틀이 돌아가고 섬세한 바느질은 아름다움을 만들어 낸다. 그렇기에 옷은 나를 근사한 인간으로 만들어 준다. 옷은 생명이자, 문화이며, 신비스런 힘이다. 벌거벗은 인간을 품격 있고 근사한 영혼으로 만들어 주는 것이다.

몸에도 기억이 있다. 잠을 잘 때 우리가 잠옷을 입으면 몸은 그것을 기억하고 있다가, '잠을 잘 때인가 보다' 하고 스르르 하품을 한다. 당신이 외출복을 입으면, 설령 집에 있다 하더라도, '오늘은 어디를 갈까?' 하고 몸은 들뜨게 된다. 몸은 우리의 옷을 기억한다. 몸과 가장 친한 친구가 옷이 아니라면 대체 무엇일까.

잠옷을 고이 접어놓는다. 이내 작업복으로 갈아입는다. 몸이 벌써 근질거리기 시작했다. 작업실에는 각각의 원단이 여기저기 널려 있다. 내가 옷을 만드는 기분을 무어라 설명해야 할까. 피노키오를 만드는 기분에 빗댈 수 있을까?

옷은 행복을 가져다준다. 그 고운 선은 입가에 미소가 번지게 만든다. 가족, 친구, 고객에게 근사한 옷을 선물하면 거울 앞에 선 그들은 진정 행복해 보인다. 몇 분 동안이나 자신의 모습을 비춰보고 사랑스러운 포즈를 취해 본다. 그렇게 자기 자신을 더욱 사랑하게 된다. 우리는 항상 더 나은 무언가가 되고 싶고, 그것을 사랑하는 사람들에게 내보이고 싶어 한다.

구름, 산, 꽃과 나비, 길가에 떨어진 돌멩이와 멀리 보이는 굴뚝의 연기, 바람에 휘날리는 느티나무의 잎사귀가 나에게 영감을 준다. 그 모든 것에 선이 드러난다. 구름을 옷으로 만들 수 있을까? 물론이다. 돌을 옷으로 만들 수 있을까? 물론이다. 자연이나, 시대정신, 하나의 사건이나 생각조차 옷으로 만들 수 있다. 그렇게 스타일은 탄생한다. 그것은 때때로 시대를 초월하여 영원한 생명체가 된다. 사람들은 보자마자 느낀다. 옷이 무엇을 이야기하는지 마음으로 아는 것이다.

어느 날, 노부인이 나의 작업실에 찾아왔던 적이 있다. 그녀는 일생에서 자기 자신이 되어본 적이 한 번도 없는 것 같다고 말했다. 평생 동안 부모가 원하는 자식으로, 남편이 원하는 아내로, 자식이 원하는 엄마로 살아갔다고 나지막이 이야기했다. 그래서 마지막으로 자기 자신다운 모습을 찾고 싶다고 했다. 나는 오직 그녀만을 위한 옷을 만들었다. 그녀는 나의 옷을 통해 남은 생을 자기 자신으로 살아갔다. 일생에서 가장 뿌듯한 순간이었다. 그 이후로 나는 맞춤복을 제작할 때 그 사람의 삶을 알기 위해 노력한다. 소통과 인간에 대한 이해는 디자이너에게 필수적이다. 한순간의 기억이 나를 매일 행복하게 한다.

다시 잠옷으로 갈아입는다. 포근한 촉감에 벌써부터 노곤해지기 시작한다.

#털없는인간

비버 해트 비버의 모피로 만든 모자를 위해 수천 마리의 비버가 희생되었다

1백20만 년 전, 인간은 매우 큰 문제에 봉착했다. 자신들이 아무리 돌도끼를 사용한다 한들, 사자나 호랑이 같은 큰 맹수들과의 사냥 경쟁에서 이길 수 없었기 때문이다.

그러던 어느 날 그들은 틈새시장을 발견했다. 맹수들은 주로 초저

녁과 아침에 전력을 다해 사냥했는데, 이는 온몸에 난 덥수룩한 털 때문이었다. 짐승들은 덥고 뜨거운 해가 뜨는 오후에는 결코 움직이지 않았다. 인간은 그들을 피해 쨍쨍한 해가 내리쬐는 오후에 사냥을 시작한다. 시간이 지나고 인간의 털은 뜨거운 햇빛 속에서 움직이기에 너무 더웠고, 자연적으로 사라지게 되었다.

하지만 인간의 맨몸은 사냥을 하고 채집을 하기에는 너무 약했다. 그래서 그들은 나뭇잎으로 성기를 가리고, 동물의 가죽을 벗겨 몸에 걸쳤다. 19만 년 전의 일이었다. 세찬 바람으로부터 추위를 견디게 하고, 거친 숲으로부터 상처가 나지 않게 했다.

시간이 지나면서 옷은 기능적인 것을 넘어선다. 옷은 날개를 달고 무궁무진한 가능성을 펼쳐 냈다. 누군가를 유혹하는 데 쓰이는 것은 물론 지위를 확고히 하는 데도 쓰였으며, 경찰 제복, 소방관의 소방복, 의사 가운 등은 매우 중요한 상징으로 자리 잡았다.

오늘날의 옷은 인간을 완전히 다른 사람으로 만들고, 더 나은 메시지를 표출하며, 새로운 정체성을 부여한다. 물론 과도한 유행과 욕심 때문에 펠트 모자를 만들기 위해 비버를 학살하거나, 단순한 장신구나 겨울철 옷을 위해서 몇백 년에 걸쳐 한 동물을 사육하고 괴롭히기도 한다. 그리고 아직까지도 그러한 관행이 남아 있으며, 인류가 해결해야 할 크나큰 과제로 남아 있다.

그런데 옷이 아닌 몸을 단련시켜 완전히 다른 인간으로 변신하는 이들이 있었다. 그들은 한계를 뛰어넘어 우리를 열광시켰다.

운동선수

나를 짓밟고, 일으켜 세운다

승리. 승리한다면, 그럴 수만 있다면. 땀이 쌓여 황금이 될 수 있다면! 누가 더 간절하게 원하는가. 강한 승부욕이 나의 피를 끓게 만든다. 눈앞에 경쟁자를 따라잡을 수만 있다면. 나 자신을 이길 수 있다면. 이 모든 고통을 견디며 나아가리.

시간을 지킨다. 같은 시간에 일어나, 같은 시간에 밥을 먹고, 같은 시간에 훈련에 임한다. 좀 더 높은 곳을 향해 모든 육신과 정신을 쏟아붓는다. 수십 번, 수백 번 훈련을 반복한다. 한 치의 오차도 없다. 지루하고 힘들 때마다 마음을 다잡는다. 편안함은 독이다. 안전지대는 없다. 계속해서, 계속해서 나아가야만, 그렇게 반복해야만 한다. 반복은 어떠한 경지에 오르게 한다.

휴식을 하는 와중에도 훈련을 한다. 눈을 감으면 트랙이 펼쳐진다. 경기장의 환호성이 나를 격앙시킨다. 출발 신호가 울리고 누구보다 빠르게 앞서 나간다. 기록을 갱신하고 다시 또 갱신한다. 뇌는 현실과 상상을 구분하지 못한다. 그렇게 승리를 익숙하게 만든다. 다른 방도가 없다. 몸이 따라 주지 않는다면 머릿속에서 임하는 수밖에.

숨이 턱끝까지 차오른다. 근육 경련이 쉴 새 없이 일어나고, 마음은 불안감에 사로잡힌다. 귓속에서는 악마가 속삭인다. 이게 네 한계야. 이제 쉬자. 그만해. 유혹은 달콤하다. 정신이 혼미해지기 전에 다시 한 번 달려나간다. 악마가 다가오면 도망치는 것이 상책이다.

무릎 인대가 예사롭지 않다. 몸을 매일 혹사시키니 당연한 일이다. 아마도 평생 동안 비 오는 날에는 지끈거릴 것이다. 나의 청춘은 고통스러운 훈련의 연속으로 기억될 것이다. 많은 것을 포기해야 승리의 달콤함을 얻을 수 있다. 무언가를 얻으려면 우선 희생해야 할 것들에 대해 생각해야 한다.

도전하기 좋은 날이다. 당신이 운동에서 한 가지 배울 수 있는 것은 실패에서 일어서는 방법이다. 운동선수만큼 도전과 실패를 많이 하는 사람이 있을까? 하루하루 나를 짓밟고, 일으켜 세운다. 어느 날은 모든 것이 잘될 것 같다가도, 곧 다음 날은 끝없는 나락으로 떨어진다. 왜 사람들은 올림픽에 열광할까? 한 가지 목표를 위해 헌신하는 삶, 혼신의 힘을 다해 도전하는 모습을 보고 있노라면, 잊고 있던 애국심과 열정이 들끓기 때문이다.

　아프지 않은 곳이 없다. 몸은 침대 위에 스르르 녹아들어 간다. 육체는 심해 속으로 가라앉지만, 머릿속에서는 다시 한 점으로 달려 나간다. 애국가가 저 멀리서 울려 퍼진다.

#한계를넘다

올림픽 1896년, 그리스 아테네에서 열린 첫 번째 올림픽으로 13개국 311명이 참가했다

스포츠는 'Disport'와 라틴어 'Deporto'에서 유래했다. 이것을 해석하면 '지루한 일상을 떠나보내고, 신나게 논다'라는 뜻이다. 인간은 오래전부터 기분을 전환하기 위해 운동을 시작했던 것이다. 고대 중국에서는 체조가, 이집트에서는 전차 경주가, 메소포타미아에서는

창던지기가 사람들을 열광시켰다. 9세기 고대 그리스는 권투, 레슬링, 원반던지기, 종합 격투기의 근원인 판크라티온을 포함해 주기적으로 '올림피아 제전'을 열었고, 이러한 정신을 계승하여 1896년 최초의 올림픽이 개최되었다. 그들은 '더 빠르게, 더 높게, 더 힘차게!'를 모토로 전 세계와 함께했다. 오늘날 올림픽은 4년마다 한 번씩 열리며 매년 3천여 명의 선수가 참가하고 있다. 또한 전 세계 인구 절반인 35억 명이 이 대회를 시청한다.

그러나 자본주의의 광풍은 그들을 비껴가지 않았다. 올림픽에 출전하는 선수들에게 스포츠란 마냥 즐겁기만 한 것은 아니었다. 최고가 되려면 아니, 최고가 될 수 있는 기회를 얻으려면, 그만한 희생을 치러야 했다. 그들에게 올림픽은 자아실현의 순간이자, 인간의 한계를 극복하는 곳, 치열한 경쟁이 치러지는 날이었다. 그들은 메달을 따기 위해 수 년에서 길게는 십수 년을 전력투구한다. 최고의 기록을 세우겠다는 한 가지 목표만을 바라보며, 하루 24시간을 운동하고, 먹고, 자는 것을 반복한다. 하지만 오랜 시간을 들인 것에 비해 몇 초, 몇 분만에 자신의 차례가 끝난다. 그들은 극도의 허무감 끝에 이제는 무엇을 해야 할지 알 수 없는 상태가 된다. 정체성이 무너진다. 이러한 생각과 감정은 우울증과 알코올 중독으로 이어지기도 했다. 수영의 마이클 펠프스가 그랬고, 스켈레톤의 매튜 안토인이 그랬다. 그러니까 인간의 한계를 뛰어넘은 운동선수도 우울증을 피해 갈 수 없었다.

상담사

인간이 인간을 도우려는 마음이다

힘든 나날이 지속되면 삶은 추락한다. 손아귀에서 벗어나 하염없이 아래로, 끝없는 바닥으로 곤두박질친다. 우리는 발버둥치지만 쉽사리 그 구멍을 벗어날 수 없다. 실패는 반복적이고 내리막은 끝이 없다. 사람들은 그 사이를 헤매다 쓰러진다. 누군가 나를 손잡아 일으켜줬으면 하고 바라지만 주변에는 아무도 없다. 그리고 마침내 이곳을 두드린다. 타들어가는 마음을 붙잡고, 마지막 지푸라기를 잡는 심정으로.

상담을 하러 오는 사람들은 대개 안색이 좋지 않다. 짙은 다크서클, 푸석한 얼굴. 며칠 밤을 어떠한 고민과 문제로 잠들지 못했으리라.

그는 어색한 표정을 지으며 자리에 앉는다. 그리고 굳게 닫힌 입을 열고 무거운 감정을 쏟아 낸다. 손을 맞잡고 눈을 마주친다. 한 사람의 상처 난 마음을 대하는 것은 늘 조심스럽다. 절망의 낭떠러지 끝에서 찾아온 이들이니만큼 더더욱 그래야 한다.

자살, 가족 관계, 실패의 상처, 외모의 비관, 감정의 변덕… 주변 사람들은 나를 걱정하며 묻는다. 매일 그렇게 우울한 사람들을 만나면 함께 우울해지지 않겠냐고. 힘들겠다고. 괜찮겠냐고. 그런데 실상은 전혀 그렇지 않다. 오히려 억지로 밝은 이야기를 하거나 위선적인 자리보다 더욱 따뜻하고 행복한 느낌을 갖는다. 한 사람이 자신의 상황과 감정을 솔직하게 토로하는 시간은 그 자체로 사랑스럽다. 우리에게 필요한 것은 어쩌면 작은 공감과 이해 그리고 솔직하게 대화할 수 있는 용기인지도 모른다.

구체적인 해결책을 제시해 주는 상담가도 있고, 스스로 문제를 찾고 해결할 수 있도록 도와주는 상담가도 있다. 나는 후자인 편이지만·최선을 다해 도우려는 마음만은 같다. 내담자는 나의 태도에 믿음을 얻는다. 누군가 자신의 편이 있다는 것, 나를 위한다는 느낌. 봄날의 햇살처럼 따스한 온기를 느끼고, 다시 삶의 전쟁터로 돌아가 살아간다. 당장의 상황은 변하지 않더라도, 스스로의 문제를 바라보는 인식이 바뀌어 간다. 함께 해결하고자 하는 사람이 있다는 것만으로도 모든 것이 달라진다.

언젠가 오랫동안 나를 찾아온 내담자에게 나의 고민을 토로한 적이 있다. 상담사라고 해서 매번 행복할 순 없다. 나도 모르게 그런 말들이 불쑥 튀어나와 깜짝 놀랐지만, 그는 좋은 시간이었다고 말해 주었다. 나는 그 이후로 내 자신의 두려움과 상처, 생각들도 과감하게 말하기 시작했다. 그러면 이상하게도 더 나은 치료가 된다. 서로를 도우면 함께 치유가 되는 것이다.

한 가지 아쉬운 건 정든 내담자가 회복되면 떠나간다는 점이랄까. 상담가의 역할은 거기까지다. 떠나게 하는 것이 임무이며, 다시는 찾아오지 않도록 기원하는 것. 비로소 동등한 친구가 되었을 때 우리는 헤어지게 된다.

나는 세상 사람들 모두가 상담가의 자질이 있다고 생각한다. 물론 전문적이고 학술적인 사례를 통한 의학적이고 과학적인 치료도 필요하다. 그러나 진정으로 중요한 것은 한 인간이 다른 인간을 도우려는 마음이다. 그것이 진정 별 볼일 없는 나를 좋은 인간으로 성숙하게 한다.

창문에는 어두운 별들이 많다. 내담자들의 얼굴이 스쳐 지나간다. 한 명 한 명 안아 주고 싶다. 그들의 고민을 나의 고민처럼 고민하다 잠이 든다. 지금도 걱정을 하다 악몽에 시달릴 그들을 위해. 그들의 꿈속에 들어가 괜찮다 위로할 수 있다면 참 좋을 텐데.

#손에손잡고

칼 로저스 내담자 중심의 상담 요법으로, 지시를 내리지 않는 카운슬링의 시초가 되었다

상담은 아주 오래전 종교로부터 시작되었다. 성직자들은 사람들의 고민을 종교라는 테두리 안에서 상담했다. 그들은 마음 속 짐을 덜어주고, 평온함을 안겨 주었다.

오늘날 상담 치료가 발달한 계기는 슬프게도 제1, 2차 세계 대전을 통해서였다. 전쟁은 많은 군인과 그 가족들에게 처참한 고통을 안겨 주었고, 이는 우울증, 발작, 공황 장애 등 정신 질환을 일으켰다. 이들에게는 정신적 치료가 절실히 필요했고, 사람을 통해 치유되어야만 했다. 2차 세계 대전 이전에 일어난 경제 대공황 또한 효율적인 직무 상담이 크게 발전한 계기가 되었다. 당대의 파슨스나 로저스는 "인간은 모두 자아실현 욕구가 있다"고 말하며, 새로운 상담 이론을 제시했다. 절망적 상황에서 상담은 빛을 발휘했다. 위기가 왔을 때 한 인간이 한 인간을 돕기 시작한 것이다.

세계는 지금도 정신병을 앓고 있다. 범죄, 테러, 전쟁으로 죽는 사람보다 자살로 죽는 사람들이 훨씬 많아졌다. WHO에 따르면 39초당 1명꼴로 자살하고 있다고 한다. 이는 오늘날 상담이 얼마나 필요한 일인지를 단적으로 보여 준다.

그러나 여전히 우리나라의 정신적 상담에 대한 인식은 부정적이다. 이는 '혹여 나를 정신병이 있는 사람으로 볼까' 하는 두려움에서 비롯된다. 이러한 인식 때문에 상담사들은 대부분 계약직으로 살아간다. 지나치게 남을 신경 쓰는 문화는 상담에서 멀어지게 한다. 그렇지만 이 때문에 많은 이가 자살을 택하고, 감당하기 힘든 병을 참고 살아서는 안 된다. 청소년 자살율이 1위인 나라. 치열한 경쟁 사회, 외모 지상주의가 만연한 곳. 어쩌면 우리에게는 어떠한 것보다도 상담이 필요한지도 모른다.

상담은 지금도 많은 이들을 위기에서 구해 주고 있다. 의학적이고 과학적인 치료를 하는 정신과 의사는 물론 정신적으로 지지하고 함께 해결하는 전문 상담사, 학생들의 진로를 상담하는 선생님, 나의 고민을 정성스럽게 들어주는 친구까지. 그 모두가 위기를 더 나은 치료로 바꾸는 상담가다.

한편, 생의 끝에서 상담하는 이들은 그곳에서 무엇을 보았을까.

호스피스

첫 번째 죽음을 돕는다

죽음이란 참으로 신비로운 것이다. 생 끝에 가서야 비로소 우리는 진실해지고, 삶을 선명히 바라보며 무언가를 뼛속 깊이 깨닫는다. 환자들 대부분은 죽음 앞에서 그러한 경험을 한다. 끝에 가서야 그러한 깨달음을 얻는다는 것은 참으로 아쉬운 일이지만, 그렇기에 더욱 인간적이다. 나는 그들의 죽음을 매일매일 직간접적으로 경험한다. 그들의 정서를 체험하는 것은 매번 놀랍고, 아프며, 그 안에서 나는 나의 죽음을 본다.

환자를 대할 때는 환자로 대하려 하지 않는다. 우리는 모두 죽어간다. 그 차이가 그렇게 크지 않다는 것을 이해해야 한다. 환자의 가족들과 친구, 보호자들은 종종 실수하곤 한다. 그들은 아직 살아 있고, 알 권리가 있으며, 선택할 수 있는 인간이다. 아픈 인간, 이미 죽어 있는 인간처럼 취급하면 안 된다. 병원에서 고성이 오가는 것은 보통 이러한 태도에서 빚어진 오해들 때문이다. 하지만 나는 모두 이해한다. 스스로의 죽음이나 사랑하는 사람들의 죽음을 맞닥뜨리는 것은 언제나 어려운 일이기 때문이다.

죽음은 예고 없이 찾아오는 낯선 손님이다. 우리는 문을 열어 주지 않으려 안간힘을 쓰지만, 결국은 나란히 함께 앉아 이야기할 수밖에 없다. 부정하고 분노하며, 스스로 타협하다가, 우울해지며 결국은 수용하게 된다. 이 다섯 가지 단계는 하나하나가 길고 고통스럽다. 생이 끝나는 과정은 어느 하나 쉽지 않은 일이다. 언젠가 오리라 예상하고 있었다고 하더라도 실제로 경험하는 것은 그 선명도가 다르다. 온갖 감정이 홍수처럼 밀려와 질식시킨다. 그러면 나는 그 속에 들어가 눈을 맞추고, 손을 맞잡는다. 가까이 다가가 당신은 아직 살아 있다고 속삭이는 것이다. 죽음의 심해 속에서 마지막까지 함께한다. 그것이 나의 일이다.

그러면 그들은 곧 차분해지며, 삶의 기억들을 하나둘 꺼내 놓는다. 그것은 대개 젊고 찬란한 날들이다. 귀기울여 듣다가, 눈동자를 자세히 들여다본다. 70세 할머니의 눈동자에서 설렘 가득한 수줍은 소녀가 보이기 시작한다. 나는 깨닫는다. 몸이 늙고 병들더라도, 영혼은 언제나 찬란한 빛 속의 '나'로 존재하고 있다는 것을. 처음부터 노인이었던 사람은 없다. 그들 또한 8살 아이였고, 20살 청춘이었다. 우리 안에는 모든 순간의 내가 존재한다. 우리는 노인에게서 갓 태어난 아기의 모습을 볼 수 있어야 한다.

그렇게 나는 모두의 첫 번째 죽음을 돕는다. 이따금씩 죽은 사람들이 나를 찾아와 인사하곤 한다. 고통과 안도, 깨달음을 넘나들다 죽어간 그들은 나의 손을 맞잡고 고마움을 표시한다. 죽음을 잘 맞이할 수 있게 해주어서 고마웠다고. 무의식의 환상이자 자기 위로인지, 진정 그들의 영이자 귀신인지는 나도 알 수 없다. 섬뜩함과 따뜻함을 동시에 느끼며 반갑게 맞이할 수밖에.

#죽음과함께

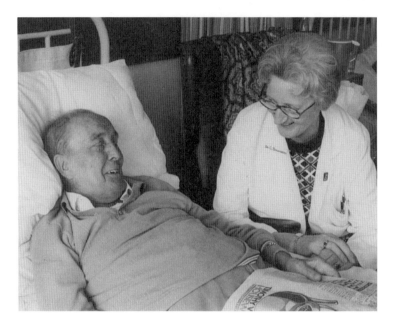

성 크리스토퍼 호스피스 1967년, 영국의 간호사 시슬리 손더스가 문을 연 호스피스

호스피스는 본래 11세기 중세 유럽, 여행자를 치료해 주던 작은 교회를 의미하는 말이었다. 하지만 시간이 지나면서 고아원, 양로원, 길가에 죽어 가는 사람들을 수용하는 모든 시설이 되었다. 오늘날 병원을 의미하는 호스피털이 여기서 유래되었다.

현대 호스피스는 한 간호사로부터 시작되었다. 1960년대 영국의 간호사 시슬리 손더스는 당시 의료 업계의 문제의식을 가지고 현대 호스피스 운동을 전개했다. 그녀는 '총체적 고통'이라는 주제를 통해 베스트셀러를 쓰는 등 전 세계를 오가며 사회 운동을 펼쳤는데, 말 그대로 환자의 육체적 고통뿐 아니라 환자의 정신적 고통, 즉 사회적, 정서적, 영적인 부분까지 신경 써야 한다는 것이었다. 그리하여 호스피스는 죽음에 가까운 환자를 간호하는 특수 병원이자, 그곳에서 안락을 돕는 봉사자 및 간호사를 통칭하게 된 것이다. 그들은 육체적인 고통을 덜어주는 동시에, 마지막 순간을 평안하게 맞이할 수 있도록 돕는다.

한 해 약 2천여 명이 호스피스 병동에서 죽음을 맞이한다. 외국의 경우 2개월 정도, 한국에서는 그보다 짧은 2주 정도를 머무르다 생을 마감한다고 한다. 호스피스 간호사들은 반복적인 죽음을 직면하면서, 심리적인 고통을 호소한다. 처음에는 환자의 죽음 자체가 고통스럽고 힘들지만, 그 죽음이 익숙하고 당연해지는 것 또한 무섭고 힘든 일이다. 그래서인지 그들은 삶에 대해 좀 더 진중하고 성숙한 태도를 가진다. 어쩌면 그들은 죽음 속에서 눈부신 삶을 보고 있는지도 모른다.

한편, 병원이 아닌 거리에서 우리를 죽음의 위기에서 구해주는 이들도 있었다.

경찰

잡지 못해 미안합니다

젠장. X됐다. 눈 깜짝할 사이에 배 속에 묵직한 것이 들어왔다. 짭새 인생 20년, 그동안 몸뚱이가 녹슬었나 보다. 이깟 놈 칼질에 찔리는 것을 보면.

하기야 부리나케 바닥을 구르고 달렸으니 성한 것이 이상하다. 그래도 이놈 제법인 게, 칼을 제대로 비틀었다. 아, 세상이 노랗다.

경찰서는 언제나 시끄러웠다. 그 모습이 정겹게 느껴질 줄이야. 죽음은 놀라운 경험이다. 하나둘 낯익은 얼굴들이 스쳐간다. 물어뜯고 싸우는 동네 양아치들, 매번 술 먹고 찾아오는 부랑자들, 나 몰랐다 소리치는 추행범까지. 단 하루도 시끄럽지 않은 나날이 없었다. 또

라이도 참 많이 봤다. 대뜸 욕지거리부터 하는 미친놈들, 인자한 얼굴의 사기 9단 할매, 제 부모를 죽이고 모른 체 하는 놈도. 원체 그런 강아지들만 상대하다 보니 죽어 가면서도 이리 말이 거칠지.

못 잡은 범인 얼굴도 함께 떠오른다. 젠장, 왜 항상 놈을 떠올릴 때마다 잘 먹고 잘 사는 모습이 그려질까? 등 따신 마루에 앉아 배부르게 누워 있는 모습. 죄책감은 개나 줘버리지 하는 모습. 아이러니하게도 그런 그림만 그려진다. 옆구리에 찔린 칼에서부터 화가 치민다. 기필코 잡았어야 했는데. 감방에 한 5백 년 정도 넣었어야 했는데. 분통이 터진다. 자식 잃은 피해자 부모의 눈물을 잊을 수 없다. 잡지 못해 미안합니다.

그리고 사랑하는 나의 아내. 야근은 밥 먹듯이 하고, 피골이 상접한 모습만 본 아내도 힘들었을 것이다. 나의 반쪽. 어찌된 게 잔소리하는 모습밖에 떠오르지 않는다. 그만큼 내가 원망스러웠나 보다. 살아 돌아간다면 좀 더 잘해 줄 텐데. 일밖에 모르는 촌놈이라 미안하구려. 그래도 약간의 존경을 담아 매번 밥은 주었으니, 나는 축복받은 남편이자 경찰이오. 이혼 안 하고 꿋꿋이 살아줘서 고맙소.

한스러운 게 있다면, 지금 후회스러운 것이 있다면, 그것은 역시 자식이다. 이제는 못 볼 딸의 얼굴이 꽃처럼 피어난다. 네 덕에 힘을 얻었다. 근무가 힘들 때, 일이 잘 안 풀릴 때, 부당한 세상과 맞닥뜨렸을 때. 더러운 모든 것이 모이는 이곳에서, 네 덕에 끝까지 버틸 수 있었다. 넌 잘 모르겠지만, 아빠는 그랬다. 경찰 배지가 네게 자랑스럽게 여겨졌으면 좋겠구나. 세상에는 죽음을 안고 살아가는 역할이 있단다. 대개 꼭 필요한 업이지. 이 일이 그런 것임을 이해하길 바란다. 혹여 다시 깨어나면 네 얼굴이 앞에 있었으면 좋겠다.

그리고 너 이 새끼. 날 찌른 새끼 너. 깨어나면 죽는다.

#현대판영웅

경찰 마크 참수리는 경찰을, 저울은 공평을, 무궁화는 국가와 국민을 상징한다

고대에는 군대가 곧 경찰이었다. 경찰은 국가를 수호함과 동시에 왕, 귀족, 양반을 보호하고 아랫사람을 통치하기 위한 수단에 가까웠다. 물론 고대 로마의 위기레스나 고려의 금오위와 같이 치안에만 신경 쓴 조직도 몇몇 있었지만, 이는 소수에 불과했다. 19세기에 이르기

까지 백성, 시민, 노동자는 대부분의 역사 속에서 제대로 된 안전을 보장받지 못했다. 현대 국가가 들어서고 나서야 비로소 국민의 안전을 책임지고, 범죄를 소탕하는 경찰이 생겨난 것이다.

도둑과 살인은 빈번하게 일어났고, 전쟁은 끊임없이 벌어졌으며, 질병은 영문도 모른 채 갑작스레 찾아왔다. 충동적인 인간에게 질서란 금방이라도 깨질 법한 유리와 같았다. 범죄는 당장에라도 일어날 수 있는 위험천만한 것이었다. 오늘날 경찰은 사회 질서를 위한 필수불가결한 조직이 되었다. 우리가 안전하게 식당에서 밥을 먹고, 거리에서 물건을 사고, 집으로 귀가할 수 있는 건 이 경찰 덕분이라고 해도 과언이 아니다.

하지만 그들이 수호자로서 살아가는 데에는 희생이 따랐다. 밤낮없는 잠복 수사는 물론, 사건이 터지면 시간을 불문하고 출동해야 했다. 범죄자를 쫓다 흉기에 맞아 죽거나 다치는 일도 빈번했다. 그 외에도 취객의 토사물을 치우거나, 추운 겨울날 교통정리를 하는 등 사소해 보이지만 온갖 궂은 일도 도맡아 하고 있다. 이는 경찰뿐 아니라 소방관, 군인 또한 마찬가지다.

하지만 경찰관은 평균적으로 6시간 내의 적은 수면 시간과 정신적·육체적 스트레스로 자살율이 높은 직종이다. 한국의 경우 지난 5년간 1백 명이 자살했으며, 이는 순직보다 27% 많은 수치다. 경찰의 존재 목적은 '인간을 지키는 것'이다. 그러나 그들이 스스를 지킬 수 있는 환경과 제도가 갖춰질 때 비로소 제대로 된 역할을 소화할 수 있을 것이다.

그리고 한쪽에서는 이들이 수갑을 채운 범죄자의 죄를 판단하는 사람들이 있었다.

판사

최선의 결과를 도출한다

인생은 선택의 연속이다. 매 순간 두 갈래 길이 우리를 유혹하며, 세상은 그 선택에 대한 책임을 지라고 소리친다. 나 자신의 길을 선택하고 나아가는 일도 힘든 세상이다. 하물며 한 사람의 삶을 책임지는 일이란 어떤가. 의사봉을 두들기는 것만으로 다른 이의 운명을 정할 수 있는 세계는 어떠한가. 모두를 만족시킬 수는 없고, 진실이 다 밝혀지는 것도 아닐진데, 어찌 사람의 운명을 송두리째 재단할 수 있단 말인가.

매일 산더미처럼 쌓인 한 아름의 서류 더미를 본다. 판사의 업무는 끝이 없다. 전국 각지의 갈등과 범죄들은 정의로운 판결을 기다리고 있다. 그 모두가 간절하게 제 순서를 기다리고 있기에 한시도 쉴 수 없다. 몸이 약해지면 끝장이다. 더군다나 이래저래 욕을 먹으니 스트레스가 눈덩이로 불어난다. 하지만 누군가는 심판해야 한다. 그렇게 읽고 또 읽다 보면 결정을 내려야 할 시간이 다가온다.

차례차례 저울대 위에 죄를 올려놓는다. 법은 거스를 수 없지만, 매번 상황이 다르기에 나의 재량에 따라 사건의 형량이 정해진다. 어느 쪽이 진실에 가까운가. 변호인의 말과 검사의 말이 이리저리 고개를 끄덕이게 한다. 피해자와 가해자, 참고인의 목소리가 오고 가고, 수많은 법과 판례들이 머릿속을 떠다닌다. 누군가의 마음속을 샅샅이 들여다 볼 수 있다면, 진실의 문을 열고 올바른 답을 볼 수 있다면 좋으련만! 그런 미래는 아직이다. 그렇다면 완벽에 가까운 선택을 찾아낼 수밖에 없다.

그만큼 엄중하고 무겁기에, 결정의 순간은 더디다. 지금 이 순간은 다른 어느 때보다도 중요하다. 이성을 최대치로 끌어올리는 것만이 내가 할 수 있는 유일한 일이다. 누군가를 완벽하게 심판할 수 있는 존재는 없다. 인간이 불완전하듯 법 또한 완전하지 않다. 증거와 증인, 생애와 정황 그리고 그 동기들이 저울대 위에 펼쳐지면 그것을 토대로 모두가 함께 최선의 결과를 도출할 수밖에 없는 것이다. 인간 사회는 복잡하기 이를 데 없어서 그 심연을 들여다보면 더욱 어려워진다. 나의 판단으로 누군가는 억울하게 죄를 뒤집어쓸 수도 있고, 누군가는 범죄를 저지르고도 무죄로 풀려날 수도 있다. 그런 생각을 하면 두려워진다. 목뒤로 식은땀이 흐른다. 그럼에도 불구하고 선택해야 한다. 누군가는 이 상황에 대한 책임을 지고 심판해야 한다. 어렵고 힘들더라도 재판장 안에 있는 법조인 모두가 '진실'을 좇고, 합리적인 사회의 정의를 바로 세워야 한다. 최선을 다한다면 그 정의의 선을 1mm정도는 끌어올릴 수 있을 것이다.

그러므로 나는 부디 이것이 최선의 선택이길 간절히 바라본다.

#최선의망치

함무라비 법전 함무라비 왕이 태양신 샤마쉬에게 법을 하사받고 있다

법은 기원전 22세기 처음 등장했다. 우르남무 법전을 시작으로, 바빌로니아 함무라비 법전, 로마의 12표법, 현대의 헌법까지, 법은 인간 질서의 토대를 세운 혁명적인 이념이자 제도다. 사람이 모이고, 국가를 이루고, 질서를 갖추게 된 것은 강제적 언어, 법이 있었기 때

문이었다.

하지만 초창기 법은 신이나 황제라 칭하는 이들이 형벌을 내리거나, 제멋대로 통치하기 위한 수단으로 이용되었고, 최근까지도 권력자들의 손에 놀아나기 일쑤였다. 물론 점차 시간이 지나면서 시대 상황과 문화, 이념에 따라 법 또한 성장했지만, 아직까지도 심판하기 힘든 갈등은 끊임없이 일어나고 있다. 재판장 안의 범죄자들은 교묘한 말로 거짓을 말하고, 죄를 뉘우치지 않는다. 관계에 금이 간 이들이 서로를 고소하고, 각자의 입장을 말하고, 스스로를 피해자라 말한다. 검사와 변호사들은 그들을 심판하기 위해 하루 종일 동기를 묻고, 증거를 찾아다닌다.

지금 이 순간에도 세계 곳곳에는 61초당 1명꼴로 살인이 일어난다. 한국은 한 해 약 1백만 건의 형법 범죄, 9백 건의 살인이 발생한다. 정의의 저울대 아래, 줄어들지 않는 범죄의 향연은 슬프고 아득하다.

한편, 재판장 밖에는 카메라 든 이들이 가득했다.

기자

진실을 담을 시간이다

"승객 여러분, 비행기가 곧 착륙합니다."

승무원의 목소리가 귓속을 파고든다. 눈을 비비며 카메라를 집어든다. 주섬주섬 내릴 채비를 한다. 항공기는 마찰음을 내며 착륙한다. 진실을 담을 시간이다. 서둘러 발걸음을 옮긴다. 정보는 누구보다 빠르게 행동하는 사람의 것이기 때문이다.

기자는 정보를 퍼 나르는 사람이다. 제대로 된 정보를 얻으려면 사전 조사는 필수다. 어느 곳에 가야 가장 좋은 정보를 얻을 수 있는가? 현장의 어떤 사람을 취재해야 하는가? 계획을 미리 짜놓는다. 밤새 머릿속에 입력된 경로를 따라 움직인다.

현장에 가면 주변을 먼저 탐색한다. 모르는 게 있으면 적극적으로 묻는다. 진실을 찾아내야 한다. 불충분한 정보로는 그 진가를 가려낼 수 없기 때문이다.

무소식보다 나쁜 것이 바로 거짓된 기사다. 거짓 정보는 바이러스처럼 퍼져 나간다. 초보 기자들은 자극적인 거짓말의 유혹에 쉽게 빠지곤 한다. 물론 이해가 안 되는 것은 아니다. 특종 기사를 내면 모든 사람의 관심을 받는다. 그것만큼 짜릿하고 뿌듯한 순간이 어디 있겠냐만, 그게 거짓이라면 다 무슨 소용인가? 그럴 바엔 차라리 소설가를 하는 게 낫다. 주변을 잘 둘러보면 나중에 입 싹 닫고, '잘 몰랐다' 할 놈들 천지다.

'한국인 A씨가 외국에서 죽었다.' 사건만 보자면 비일비재한 일이지만 그 정황이 의심스럽다. 도로 한복판에 쓰러져 있는 것이 부자연스럽기 때문이다. 작은 사건의 이면에는 거대한 진실이 숨겨져 있다. 특히나 이런 경우, 누군가 깊게 파고들지 않으면 아무 일 없었다는 듯이 묻히기 십상이다. 진실을 위해 오랜 시간을 투자하는 기자는 많지 않기 때문이다.

나의 어린 시절 영웅은 만화 영화에 나오는 주인공이 아니었다. 전쟁의 현장을 카메라에 담는 종군 기자 에드워드 머로였다. 그가 얼마나 멋져 보였는지, 아버지에게 카메라를 사 달라고 졸랐던 기억이 아직도 생생하다.

주변을 돌며 사람들을 만나다 보면 어느새 밤이다. 다리는 터질 것만 같다. 숙소에 도착하자마자 카메라에 담은 정보를 취합하고 편집한다. 역시나 의심스러운 사건이다. 침대 옆에 카메라를 올려놓고 눈을 감는다. 머릿속으로는 계속해서 사건의 퍼즐을 맞춰 본다. 내일도 일찍 서둘러야 한다. 아직 나의 카메라는 진실에 목말라 있다.

#진실을담아

플루크블라트 '나는 종이'라는 뜻의 최초의 인쇄 신문

최초의 신문은 《악타 푸블리카》로 2천 년 전 고대 로마 시대에 처음
등장했다. 이는 문자가 새겨진 석고판으로, 국정 운영을 시민들에게
전달하기 위해 만들어진 것이었다. 비슷한 시기에 중국의 한나라에
는 《저보》가 있었다. 이 또한 중앙과 지방 사이에 관적인 일을 전달

하는 용도였다. 11세기에 이르기까지 신문은 국가의 공지 사항을 전달하는 수단일 뿐이었다. 11세기 말 상업 활동이 빠르게 팽창했고, 업무용 편지의 유통량이 급속도로 늘어났다. 그리고 1096년, 혼란의 십자군 전쟁이 터졌다. 당시 이스라엘 등지에 있던 상인들은 업무용 편지 말미에 전쟁 소식을 함께 보냈는데, 이것이 근대 신문의 시초가 된다. 이를 노벨레라 불렀으며, 최초의 서한신문이었다. 이 소식통은 일반 사람들에게는 아비시라는 이름으로 전파되었다. 13세기 무렵에는 상인들이 이를 필사하여 서점 등에서 판매하기도 했다. 15세기 인쇄술의 발명으로 독일에서는 최초의 인쇄 신문이 발행되었다.《플루크블라트》라는 이 신문은 그림이 있는 단 한 장의 신문으로, '나는 종이'라는 뜻이었다.

신문의 탄생으로 자연스럽게 등장한 직업이 기자였다. 그들은 전국 각지의 생생한 소식을 전달하고, 각종 사건과 인물을 취재하며, 중요한 진실을 알리기도 했다. 1850년 최초의 종군 기자였던 윌리엄 하워드 러셀은 크림 전쟁을 취재해 나이팅게일을 종군하게 했다. 1936년 전설의 종군 기자 로버트 카파는 '어느 인민 전선파 병사의 죽음'이라는 사진을 개재하여 많은 이에게 전쟁의 참혹함을 알리기도 했다. 그들은 전쟁 이외에도 끊임없는 취재를 통해 감춰졌던 진실을 드러내거나 위험을 경고했다. 몸에 10kg 무게의 카메라와 각종 장비를 두른 채 현장을 뛰어다녔다. 그들의 노고가 없었다면 인류는 더 나은 판단을 내리기에 충분한 정보를 얻지 못했을 것이다.

국제기자연맹에는 150개국 약 60만 명이 가입되어 있으며, 우리나라에는 2만여 명이 기자로 활동하고 있다. 또한 하루에 발행되는 신문의 숫자는 30억 부가 넘는다.

한편, 기자만큼이나 분주하게 지하철, 버스, 거리를 오가며 말을 수집하는 이들이 있었다.

카피라이터

글자가 날아온다

메시지가 날아온다. 눈앞에 척 달라붙는다. TV를 볼 때나, 거리를 걸을 때, 지하철을 탈 때, 여기저기서 글자가 날아와 내 몸 이곳저곳에 자석마냥 붙어 버린다. 이것들을 어떻게 해야 할까?

사람들의 말도 마찬가지다. 카페에서 들리는 수다스러운 대화 속에서 날아온다. 요즘 뭐해? 오늘 뭐 먹지? 힘내. 심지어는 내가 무심코 뱉은 말도 다시 되돌아온다. 이놈들을 어찌해야 할까?

시간이 지나면 그렇게 붙어 버린 녀석들은 서로 뭉치고 흩어진다. 더욱 잘게 쪼개지기도 하고, 감칠맛 있게 늘어나기도 한다. 끼리끼리 모여 이야기도 하고, 따로따로 흩어져 사라져 버리기도 한다. 그렇게 한 줄의 카피가 탄생한다.

중요한 것은 메시지다. 물론 단순히 글자로 된 메시지만을 말하는 것은 아니다. 그것은 일부분일 뿐이다. 이미지나 영상도 훌륭한 메시지가 될 수 있다. 때때로 글자를 없애는 것 또한 카피라이터의 역할이다. 수천 마디의 말보다 한 번의 묵직한 침묵이 강한 법도 있으니까.

그렇다면 좋은 메시지란 무엇일까? 시대를 대변하고, 스스로 무언가를 의미하고, 영감을 주는 것. 이렇게 말하면 너무 교과서적인 대답일까. 저마다의 목적이 달라 하나로 귀결되긴 어려울 테지만. 영감을 준다면, 누군가에게 영혼에 공명하여 삶을 미소 짓게 만들 수 있다면, 그 정도면 좋은 '메시지'라 할 만할 것이다.

그런 면에서 우리 모두에게는 카피라이터의 자질이 필요하다. 누군가의 영혼 위에 쌓인 먼지를 털어 주는 행위를 손에 든 펜으로써, 입에 맺힌 말로써 가능하기 때문이다. 나는 누군가에게 어떠한 메시지를 주고 있는지 생각해 볼 필요가 있다. 또한 가족과 친구, 세상이 나에게 어떠한 메시지를 전달하는지도 평소에 잘 듣고 느껴야 할 것이다. 중요한 것을 놓치기 십상인 세상이니까.

때때로 죽음을 생각한다. 죽기 전에 나는 무슨 말을 하게 될까. 나는 어떠한 한 줄로 남게 될까. 내가 세상에 주고 싶은 메시지는 무엇이었을까. 어쩌면 삶은 한 줄을 찾기 위한 여행이다. 또다시 글자가 날아온다. 나는 오늘도 기꺼이 몸과 마음을 내어 준다.

#한줄의시대

Drink an Orange "오렌지를 마시자"라는 문장으로 발상의 전환을 가져온 클로드 홉킨스의 카피.

카피는 광고에서 문자로 표현되는 모든 것을 말한다. 사람들의 욕구를 자극하여 어떤 행동을 하게 만드는 문자다. 인쇄 매체의 글자와 영상 매체의 소리 모두를 카피라고 한다.

카피라이터는 광고 카피를 쓰는 사람으로, 글솜씨나 그저 멋진 말보다는 홍보와 판매에 도움이 되는 메시지를 만드는 것이 첫 번째다. 제품과 소비자는 물론 시장 또한 세세하게 분석하고 잘 알아야 한다. 카피라이터의 전설 데이비드 오길비는 자신의 직업을 두고 '광고 회사에서 눈에 잘 띄지는 않지만 가장 중요한 사람'이라고 표현했다. 그들은 자리에 앉아 묵묵히 펜을 움직였고, 수많은 사람의 욕구를 자극해 움직이게 했다.

현대에 와서는 기업이 '무슨 말을 하는가'가 더욱 중요해졌고, 단순 판매만이 아닌 '우리가 왜 존재해야 하는가' 또는 '지금 시대에 필요한 메시지는 무엇인가'에 대한 답을 말하는 기업들이 등장하기 시작했다. 단 한 줄로 사람들의 눈길을 사로잡기 위해서는 영혼을 건드려야 했다. 오늘날에도 하루 수백만 개의 메시지가 범람하며, 우리의 영혼을 유혹하기 위해 고군분투하고 있다.

한편, 한쪽에서는 말이 아닌 빛으로 세상이라는 그림을 포착하는 사람들이 있었다.

사진작가

세상은 멈춘다

잠깐 동안 잠을 자고 깨어나면 책상 아래 모서리가 선명해진다. 눈 속 렌즈는 잠시 동안 초점을 맞추고 사물을 생생하게 그려 낸다. 0.1초마다 그 패턴과 느낌이 달라진다. 내가 바라보는 그것. 찰나를 찍고, 순간에 이유를 담는다. 카메라는 햇살을 머금고 세상을 기다린다.

35mm 라이카의 셔터를 누를 때마다 내 심장은 요동친다. 그것이 내가 이 일을 손에서 놓을 수 없는 이유다. 사진은 눈으로는 볼 수 없는 아름다움을 담아낸다. 특히나 무언가를 가까이 찍을수록 더욱 그런 면모를 보인다. 있는 그대로, 그저 존재하는 것만으로도 훌륭할 수 있다는 것을 보여 준다. 무언가를 상상할 필요가 있는가? 현실 자

체가 이미 신비함으로 가득 차 있는데 말이다.

사진을 찍는 사람은 날씨, 빛, 바람 같은 공기 변화에 예민하다. 하지만 무엇보다도 쉴 새 없이 흐르는 시간에 예민하다. 사진기에 눈을 대는 순간 세상은 멈춘다. 오직 나와 그 대상만이 존재하고, 호흡은 멎는다. 그 사이로 빛이 가로지른다.

다른 의미의 시간도 있다. 그는 인내라는 시간이다. 무언가를 포착하기 위해 하루 종일 기다린다. 물고기가 한적한 강가에서 뛰어오를 때, 푸른 잎 위에 이슬방울이 떨어질 때, 노을빛이 들꽃 위에 사뿐히 안착할 때. 그 빛깔과 각도를 위해 몇 분, 몇 시간, 몇 날 며칠이고 기다린다.

요즘에는 여행을 다니며 그 나라의 아이들을 찍는다. 아이의 눈에는 많은 것이 담긴다. 굶주린 아이의 눈동자, 환하게 웃으며 뛰어다니는 아이의 눈동자, 경이로운 자연을 바라보는 아이의 눈동자. 그 속에서 내가 미래를 보기 때문인지, 과거의 모습을 보기 때문인지는 나도 잘 모르겠다. 그저 나에게 영감을 주고, 피를 끓게 하며, 새로운 찰나를 느끼게 한다.

기왕이면 사진에 대해 좀 더 이야기하고 싶다. 당신이 나의 사진을 본다는 건 잠시 나의 눈동자 속에 들어오게 되는 것과 같다. 그 순간은 내 삶 속 0.1초의 작은 순간이지만, 당신은 다른 시각에서 세상을 경험한다. 척박한 땅에 태어나 굶주린 아이의 모습을 볼 때, 썩어 버린 개울가에 있는 사슴의 눈망울을 볼 때, 전쟁에서 죽어 가는 병사의 모습을 볼 때 우리는 같은 아픔을 느낀다. 더 나은 행동을 위해서는 촉매제가 필요하다. 나는 사진이 그 발화점이 되길 바란다. 나의 사진이 시대 한 자락에 남아 누군가에게 그런 영감을 주었으면 좋겠다. 그게 설령 어느 헌책 사이에 끼워진 낡은 사진일지라도.

찍을 것은 참 많기도 하다. 밤은 밤만의 세계가 있으니, 어떻게 쉽게 잠들 수 있을까. 밤늦도록 은밀한 나의 모험은 아직 끝나지 않았다.

#빛을포착하다

르 그라의 집 창에서 내다본 조망 현존하는 가장 오래된 사진

사진술은 어둠 속을 뚫고 들어온 한 줄기 빛에서 시작되었다. 어두 컴컴한 공간에 작은 구멍을 뚫으면, 빛이 들어와 반대편 벽에 역상 (逆像)으로 맺힌다. 동굴 벽화에 위아래가 반전된 그림이 많은 이유가 그 때문이다. 고대 동굴에서부터 17세기에 이르기까지 어둠 속에서

화가들은 빛의 형상을 그림으로 그렸다. 이를 레오나르도 다 빈치는 '카메라 옵스큐라', 즉 '어두운 방'이라고 명했다.

최초의 사진을 만든 것은 1826년 프랑스의 조세프 니세포르 니에프스였다. 그는 아스팔트가 빛에 따라 굳는 성질을 이용해 8시간 만에 '르 그라의 집 창에서 내다본 조망'을 완성했다. 빛을 담을 그릇을 찾아낸 것이다. 1837년 다게르는 은도금 동판과 요오드를 통해 최초의 카메라를 만드는 데 성공했고, 1841년에는 탈보트가 종이 인화에 성공하며 오늘날 사진의 원형을 만들었다.

우리 손에 카메라가 들어오게 된 것은 코닥의 기여가 컸다. 그들은 "버튼만 누르세요. 나머지는 알아서 작동할 것입니다."라고 말하며, 카메라를 널리 보급했다. 우리는 이를 통해 사랑하는 사람을 찍고, 중요한 순간을 간직하며, 추억을 꺼내 볼 수 있게 되었다.

사진과 카메라가 대중화되면서 이를 전문적인 업으로 삼는 이들이 등장했다. 그들은 사진 한 장에 목숨을 바치거나, 중요한 무언가를 담기 위해 혼을 다했다. 처칠, 아인슈타인, 마더 테레사 등을 찍은 유섭 카쉬는 단 한 장의 사진을 위해 해당 인물의 성격을 연구하고, 내면의 영혼을 느끼기 위해 노력했다. 20세기 최고의 사진가 앙리 까르띠에 브레송은 결정적 순간을 찍기 위해 몇날 며칠을 기다렸다.

포토그라피(Photograph)의 어원은 그리스어인 'Photos(빛)'와 'Graph-

ien(그리다)'을 합친 말로 '빛으로 그린 그림'이라는 뜻이다. 사진작가
는 아름다운 빛을 담아 세상을 우리에게 전달하는 사람들인 것이다.

사진작가는 어떤 의미의 여행자나 다름 없었다. 오늘날 인간은 누
구나 여행을 꿈꾼다. 그리고 그 새로운 경험을 도와주는 이들이 있
었음은 물론이다.

여행가이드

진정 살아 있다

인생에서 오롯이 남는 것은 경험뿐이다.

이제 나의 차례가 다가왔다. 옛이야기를 하던 할머니처럼 비밀스럽고도 흥미로운 이야기를 들려주면 그들의 눈동자는 큼지막해진다. 호기심이 일 법한 역사적 진실과 신화, 미신들을 줄줄이 읊는다. 어른 아이 할 것 없이 귀는 쫑긋해지고 눈은 바쁘게 돌아간다. 그들은 지금, 진정 살아 있다.

음식은 여행의 꽃이다. 나는 그 나라 고유의 맛이 느껴지면서도 누구나 맛있게 먹을 수 있는 메뉴를 고른다. 적당한 새로움과 달콤함이 미각을 사로잡는다. 이제까지 느껴보지 못한 혀의 감각에 황홀감을 느낀다. 어쩌면 배고픔 때문일 수도 있겠지만.

단아한 궁을 보여 주면 그들은 넋이 나간 표정이 된다. 내 나라의 아름다움을 선보이는 것은 언제나 흥분되는 일이다. 자부심이 저 끝에서부터 차오른다. 우리에게는 익숙한 것이 누군가에게는 새로운 것이 된다. 눈을 크게 뜨고 구석구석 살펴보는 그들의 모습에 괜스레 미소가 지어진다.

새로운 것을 보고 있으면 이내 익숙한 것이 그리워진다. 그것이 인간이다. 반면에 가까이 있으면 금세 소중함을 잊게 된다. 종종 멀리 떨어질 줄 알아야 더욱 사랑하게 되는 것이다. 여행자들은 그렇게 새로운 눈을 가지고 집으로 돌아간다.

완전한 일탈을 꿈꾸던 소년은 이제 누군가의 일탈을 돕게 되었다. 처음 새로운 세상에 발을 내딛었을 때를 잊지 못한다. 강렬한 기억은 애쓰지 않아도 눈을 감으면 선명하게 떠오른다. 오색찬란했던 자연과 기차 소리, 잊지 못할 도시락, 사그락거리는 햇살까지. 나는 지금 누군가의 경험을 찬란하게 빛내고 있다.

살아 있는 것이 곧 행복이다. 사람은 가만히 있으면 죽어 간다. 말하지 않아도 그렇게 느껴질 때가 있다. 여행만이 사람을 살아 있게 만든다고 말하려는 것이 아니다. 진정한 의미의 여행이란 자신에게 필요한 경험을 가지는 것이다. 쉴 새 없이 바쁘게 살아왔던 사람에게는 집에서 푹 쉬는 것 또한 여행이다. 무언가 변화가 필요할 때 다른 방식으로 시도하는 것 또한 여행이다.

　매일매일 여행하는 삶이 되었으면 좋겠다. 나 자신에게도, 그들에

게도.

#이상한나라의토끼

증기 기관차 1851년, 영국에서 열린 세계박람회에서 처음 선보인 증기 기관차

본래 인류는 떠돌이였다. 생존을 위해 숲과 사막, 초원을 가로지르는 유목민이자 방랑자였다. 황량한 들판을 거쳐 북쪽으로 나아가는 얼룩말과 다를 바가 없었던 것이다. 하지만 종교가 생겨나고 농업 혁명이 일어나면서 인류는 정착하게 됐고, 이를 우리는 '고향'이라고

부르게 된다. 14세기에 여행이라는 개념이 생겨나는데, 이는 '자신이 사는 곳을 떠나 다른 곳으로 가는 일'을 말했다. 여행이란 돌아갈 곳이 있는 사람들의 것이었다.

　초창기 여행의 주된 목적은 종교였다. 관광을 위한 여행은 로마의 온천 여행 정도뿐, 이후 천 년 동안 정체되어 있었다. 중세까지의 여행은 유언을 남기고 떠날 만큼 위험천만한 것이었다. 세계는 크고, 험난했으며, 도처에 위험이 가득했다. 시간이 지나 일부 부르주아나 지식인들이 여행을 하기 시작했고, 기업은 관광이라는 새로운 산업을 눈여겨보게 되었다. 그리고 산업 혁명으로 인한 증기선과 증기 기관차가 출현하며 '대관광 시대'가 도래한다. 하지만 그들의 도전은 바퀴에만 머물지 않았다. 더 많은 곳을 경험하기 위해 날아올라야만 했다.

기장

인간새가 날아오른다

이륙. 날아오른다. 엔진 소리가 점점 커져 간다. 인간은 새를 보며 날아오르길 꿈꿨다. 두 형제는 인간의 날개를 만들었고, 인류는 열광했다. 그렇게 우리는 거대한 새가 될 수 있었다. 하늘의 지배자 독수리보다 몇백 배 큰 인간새는 수백 명의 인간을 태우고 창공을 가로지른다. 나는 그들을 실어 나른다.

손재주와 머릿속 지혜 그리고 창조적인 영혼은 인간을 다른 존재로 만들었다. 거미줄을 보며 그물망을 만들었고, 둥지를 보고 자신만의 집을 구축했다. 무엇이든 인간의 눈에 비치거나 손을 거치면 새롭게 탄생한다. 그래서인지 인간의 발명품은 대개 자연의 구조물과 닮아 있다. 놀라운 점은 단 하나의 발명을 위해 모두가 돕는다는 것이다. 이번 세대에 어렵다면 다음 세대에서 그 배턴을 물려받는다. 그 이면에는 종교, 이념, 문화, 국가 등 보이지 않는 끈이 단단히 연결되어 있다.

그런 면에서 인간은 놀라운 존재다. 무언가를 만든다는 것은 신의 행위가 아니던가. 추진력을 받아 구름 속을 뚫고 날아갈 때, 모두가 꿈을 꾼다. 귀가 멍멍해지고 하늘 위로 솟구치는 느낌이 온몸에 전달된다. 두렵지만 흥미롭고, 짜릿하지만 걱정된다. 그것이 세계를 파멸시킬 욕심일지, 세상을 살릴 혁명일지는 두고 봐야 할 일이다. 나는 그들의 꿈을 실어 나른다. 그들의 마음 한편의 꿈을 응원한다.

그들이 미지의 땅을 개척하고, 세상의 비밀을 풀어헤치고, 모두가 나름의 생을 완성하길 기원한다. 지구라는 푸른 땅에 인간이 구원자가 되길 바란다. 우주라는 어두컴컴한 암흑 속에서 지구라는 행성이 한 줄기 아름다운 푸른빛으로 남길 바란다. 나는 그 조력자로서 살아간다.

하늘 위로 인간새가 날아오른다. 구름을 뚫고 푸른 하늘을 날아간다. 저 멀리 초록빛 대지가 보인다. 인간, 그들이 꿈을 펼치고 자신의 고향으로 돌아왔을 때, 이러한 모습이길 바라본다. 평화로운 초목 낙원이 모든 곳에 펼쳐져 있기를.

#창공을넘어

오토 릴리엔탈 독일 항공의 개척자로 사람이 탈 수 있는 글라이더를 개발했다

인간의 상상력은 끝이 없다. 인류는 날갯짓하는 곤충과 새를 보며 늘 생각했다. 우리도 저렇게 될 수 있을까? 창공을 날아오를 수 있을까? 하늘 위에서 세상은 어떤 모습일까? 초기 인간은 수억 년에 걸쳐 진화한 자연의 영감을 받았다. 15세기 레오나르도 다 빈치는

새를 연구해 위아래로 날갯짓을 하는 오니숍터의 설계도를 그렸지만, 실제 비행은 시도하지 못했다. 1804년 조지 케일러는 날개를 고정한 글라이더를 제작했는데, 이는 인류 최초의 비행기 형상을 띠었다. 배턴을 이어받은 오토 릴리엔탈은 1896년 비행 실험을 하다 17미터 상공에서 추락해 사망했다. 그리고 이에 대한 신문 기사를 한 형제가 보게 되는데, 기사의 이름은 'Flying Man', 즉 '나는 남자'였다. 라이트 형제는 그렇게 배턴을 이어받았고, 1903년에 최초의 동력 비행을 성공하면서, 인류는 드디어 푸른 하늘 위로 날아오를 수 있게 되었다. 인간이 스스로 날개를 만들고야 만 것이다.

이후로 항공 산업은 발전을 거듭해 1910년대에는 6천5백 통의 우편물을 수송하는 최초의 화물기가, 1920년대에는 사람을 태우는 최초의 여객기가 생겨났고, 1930년대에는 금속형 비행기가 출현해 전투 및 수송에 지대한 영향을 끼쳤다. 그리고 이는 제2차 세계 대전에 활용된다.

오늘날 비행기를 통해 우리는 전 세계를 여행할 수 있게 되었다. 그리고 그 앞에는 피나는 훈련을 거듭한 조종사들이 있었다. 그들은 안전을 책임지며, 매일같이 수천 명의 인간을 태우고 날았다. 하지만 인간은 거기서 만족하지 않았다. 그들은 창공을 넘어 우주를 향해 날아올랐다.

우주비행사

신비롭고 경이롭다

눈이 시리게 빛난다. 나의 집, 나의 고향, 나의 사람들이 있는 곳. 물고기, 곤충, 나무, 공룡, 새, 꽃, 고래, 인류, 그 모든 생명이 머무는 땅. 그곳이 지금 내 눈앞에서 헤엄치고 있다. 꿈이 아닐까 볼을 꼬집어 본다. 한 인간이 자신이 딛고 있던 땅을 내려다볼 수 있게 된다는 것. 머리부터 발끝까지 저릿하게 소름이 끼쳐 온다. 생명력 넘치는 푸른 에너지가 나를 감싸 온다. 영혼이 공명하는 충만한 평온함. 마음 한 편의 비밀의 문을 열 듯 신비롭고 경이롭다.

고개를 돌려 반대편을 보면 더욱 신비로운 끈이 펼쳐져 있다. 우주의 장엄함이란! 하나의 점에서 탄생한 세계는 끝없는 암흑 속에서 다채로운 빛으로 스스로를 드러낸다. 적어도 인간의 눈에는 그렇다. 어디가 끝이고, 어디가 시작인 것일까. 아득함이 저기 멀리서 나를 끌어당긴다. 고요한 공간 속에 홀로 둥둥 떠다닌다. 두렵다. 아아, 나는 아무것도 모르는구나. 인류는 그저 찰나의 시간일 뿐이로구나.

우주인. 나는 극소수의 특별한 인간이다. 이러한 경험을 한다는 것에 감사할 따름이다. 물론 시간이 지나면 모두가 나와 같은 체험을 할 수 있을 것이다. 우주여행, 우주관광이 금방이다. 사진이나 영상 등으로 많이 보았겠지만, 역시나 실제로 경험하는 것은 차원이 다르다. 압정에 찔리는 영상을 보는 것과 직접 찔리는 것은 완전히 다른 경험이지 않은가.

다시 생이 넘치는 곳을 바라본다. 나의 땅으로 돌아간다면, 아니 우리의 푸른 집으로 돌아간다면, 그때에는 만물에게 감사할 것이다. 하늘과 땅, 공기는 당연한 것이 아니다. 폐 속 깊숙이 들어오는 생명의 기운은 그 얼마나 깨끗한 것이며, 대지 위 인간의 발걸음은 얼마나 위대한가. 인간은 멀리 떨어지고 나서야 당연한 것들에 감사함을 느끼게 된다. 다시 말하지만 이해하는 것과 경험하는 것은 다르다. 멀어지고 나서야 진정 느낄 수 있는 것이 있다.

#불가능은없다

라이카 소련의 우주선 스푸트니크 2호를 타고 우주로 떠난 떠돌이 개

1948년, 인간은 흥미로운 질문을 한다. '인간이 우주여행을 할 수 있을까' 하는 것이었다. 하지만 우주에 나가서도 인간이 살아남을 수 있을지는 의문이었다. 기압, 산소, 기온 등의 문제 때문이었다. 인간은 다른 생명체를 우주에 보냈다. 첫 실험 대상은 인간과 유사한 원숭이

였다. 결과는 실패였다. 원숭이는 우주에서 호흡 곤란으로 즉사했다. 이후에도 원숭이, 거북이, 쥐가 희생양이 되어 우주로 보내졌다. 그리고 10년 뒤 우주에서 잠깐이나마 살아남은 동물이 등장했다. 그 이름은 라이카로, 인간의 친구인 개였다. 성공 이후 4년 뒤 인간은 난생 처음으로 우주를 비행하는 데 성공했다. 영광의 주인공은 소련의 유리 가가린이었다. 세계 최초의 우주인이었다. 그로부터 8년 뒤 미국의 아폴로 11호가 날아올랐고, 1969년 7월 21일 오전 11시 56분 20초에 한 인간이 달에 발자국을 남겼다. 미국의 닐 암스트롱이었다. 이후 수많은 인간들은 우주를 꿈꾸며 로켓을 타고 날아올랐다.

그들은 우주를 맛보기 위해 혹독한 희생을 치러야 했다. 매일 여섯 시간 동안 158.8kg의 우주복을 입고 훈련을 받아야 했으며, 낮은 기압을 견디고, 수중 실험실에서 생활하고, 비행 역학을 공부했다. 이 것이 끝이 아니다. 실제로 지구 밖을 나간다 하더라도 극도의 위험을 감수해야 했다. 그들의 뼈는 금세 약해졌고, 우주 방사능에 노출되어 죽거나 암에 걸렸다. 또한 우주선 내부는 사람 세 명이 겨우 앉을 정도로 좁았고, 샤워도 하지 못했으며, 우주 멀미도 버텨야 했다.

하지만 그들은 모든 것을 참아내고 우주로 날아올랐다. 인간에게 불가능은 없다는 것을 보여 주었다. '시리도록 작은 푸른 별'을 보며 깨달았다. 자신들의 역사가 극히 짧고, 작으며, 보잘 것 없다는 사실을. 그리고 그만큼 소중하다는 것을.

사학자

밥알에서 모든 것을 본다

나는 모든 것의 역사를 본다. 이를테면 밥알 하나조차도 나에게 오기까지 얼마나 무수한 역사가 있는가? 그곳에서 나는 땅속에서 뿌리를 맺고, 물을 삼키고, 햇빛을 받고, 벼의 껍질에서 깨어나, 땀 흘린 농부의 손으로 간 쌀의 역사를 본다. 한 편의 파노라마를 보고 있으면 마음 깊은 곳에 감사함이 차오른다. 또한 그 뿌리 이전의 역사는 얼마나 아득하고 경이로운가. 태초로 거슬러 올라가면 밥알 하나에서 모든 것을 볼 수 있는 법이다.

현재를 알려면 과거를 보아야 하고, 미래를 보려면 더욱 과거의 흐름을 보아야만 한다. 땅 위의 모든 것은 흔적을 남긴다. 인간은 잊혀지지 않으려 끊임없이 무언가를 남긴다. 이 땅 위에 있었노라고. 땅 위의 돌멩이로, 책 속의 잉크로, 진흙 속의 예술품으로 나에게 소리친다. 한 문명의 번영과 몰락을 통해 강한 경고의 메시지를 안겨준다. 그 심연을 들여다보면 같은 패턴의 소용돌이가 반복되고 있다.

인간관계에 대한 이해 또한 마찬가지다. 한 사람에 대해 알려면, 그가 어떠한 세월의 파도 위에서 살아왔는지 살펴봐야 한다. 우리는 역사의 중요성을 나이가 들어감에 따라 깨닫는다. 우리가 어디에서 왔고, 어디로 가는지는 오직 역사를 통해서만 알 수 있다. 탄생과 죽음, 시작과 끝, 번영과 몰락은 나 자신이 어떠한 삶을 선택할지 판단할 근거가 된다. 그 속에서 나는 어떠한 지혜를 전달할 수 있을까.

그 그림자를 들여다보면 인간은 추악하기만 하다. 전쟁과 침략의 이기심을 말해 무엇 하랴. 나는 그 속에서 반성하고, 다시 감사하며, 무언가를 기록한다. 역사는 영화나 드라마처럼 달콤하지 않다. 오히려 지루하다고 생각하는 이가 많으리라. 그러나 위대한 가치를 지닌 이야기는 때때로 그러하다. 현실은 지독히 반복되는 하루 속에서 찾아내는 위대한 영혼의 춤사위가 아니던가.

#과거속미래

물고기 화석 5천만 년 전의 것으로 추정되는 물고기 화석

역사, 'History'의 어원은 고대 그리스 단어인 'Historia'에서 유래했다. 이는 '연구를 거친 지식'을 말한다. 하지만 초기의 역사는 거의 신화에 가까웠다. 기원전 5세기에 쓰인 그리스 로마 신화나, 중국의 산해경(山海經), 고려 중기에 쓰인 단군 신화는 모두 만들어진 이야기였다. 물론 사실에 기반한 부분도 있겠지만, 대부분 과장되거나 허황된 이야기였다. 시간이 지나면서 역사는 점차 사실 위주로, 근거를

두고 작성하게 되었다.

　과거를 연구하는 이들의 직업은 여러 갈래로 나뉘는데, 글로 쓰인 것을 바탕으로 연구하면 사학자, 유물을 바탕으로 연구하면 고고학자, 인류 이전 생명의 역사를 바탕으로 연구하면 고생물학자라 한다. 물론 이 모두 흔적을 탐구하고 관찰한다는 점에서 뿌리는 같다. 그들은 과거 사료를 정치, 경제, 과학, 종교, 문화 등에서 살펴보고, 여러 관계를 파악했다. 이러한 작업은 매우 어렵고 힘든 일이었다. 너무도 방대한 자료를 조사하는 것은 물론, 오랜 시간을 두고 생각해야 하는 일이었기 때문이다. 사학자는 수십 년 동안 책상에 앉아 역사를 탐구했고, 고고학자는 사람의 흔적이 닿지 않는 오지에서 연구를 진행했다.

　그들은 인류에 꼭 필요한 역할을 담당했다. 과거를 통해 현재를 경고하고, 비판하며, 진실을 드러냈다. 그들은 종의 기원을 밝혀내기도 했고, 인종이나 성에서 잘못된 고정 관념을 타파하기도 했다.

　그리고 또다시 차고나 방구석 지하실 한편에서 새로운 역사는 시작되었다.

개발자

- -

처음부터 완벽한 프로그램은 없다

- -

동이 트는 새벽, 나는 여전히 모니터 앞에 앉아 있다. 처음 시작했을 때가 엊그제 같은데 벌써 십여 년이 흘렀다. 자신만의 세상을 만들고 싶었던 소년은 다크서클이 진한 청년이 되었다. 하지만 여전히 모니터 속 세계는 흥미롭다.

프로그래밍은 문제를 해결하는 하나의 언어를 뜻한다. 우리를 무슨 외계인처럼 생각하는 사람들이 있는데, 코딩은 여느 언어처럼 누구나 배우면 할 수 있다. 낯선 언어에 숫자 알레르기가 도져서 어려워 보일 뿐, 스포츠나 악기 연주와 크게 다르지 않다. 다른 점이라면 이것은 흡사 마법과 같다는 것이다. 영화 속 마법사가 '아브라카다브라'를 외치면 물건이 나타나듯, 적절한 주문을 외울 수 있다면 당신은 마법사가 될 수 있다. 적어도 모니터 안에서만큼은 말이다.

한숨 자고 일어나면 오후 1시쯤. 대부분의 프리랜서 개발자는 불규칙한 삶을 살아간다. 한번 무언가를 만들기 시작하면 오랜 시간을 쏟고 집중해야 하기 때문이다. 말이 나와 하는 말이지만, 오류는 끔찍하다. 일명 버그라고 불리는 것들은 하수도의 바퀴벌레보다 많다. 처음부터 완벽한 프로그램은 없다. 점차 수정해 나가면서 그럭저럭 쓸 만한 수준이 되는 것이다.

어쩌다가 내가 개발자가 되었는지는 알 수 없다. 아마도 귀차니즘 덕분일 것이다. 게으른 일상을 좀 더 게으르게 살 수 없을까 하는 생각. 영화 속 염력이나 순간 이동을 하는 주인공을 보면 정말 부러웠다. 나는 천생 베짱이였다. 어딘가를 가도 '이걸 자동화할 수는 없을까?' 버튼 하나만 누르면 모두를 편하게 하는 그런 모양새를 꿈꿨다. 그 핏속의 게으름이 나를 이곳으로 이끌었다. 아이러니하게도 정말 바쁜 것이 흠이지만.

밥을 모니터 앞에 가져다 놓는다. 계란말이, 고기 몇 점, 각종 밑반찬…. 꽤나 든든히 먹는다. 집에만 있으면 운동이나 음식에 신경 쓰는 편이다.

모니터에는 여전히 해결할 문제가 산더미다. 버그가 발생했다는 제보는 실시간으로 쌓여 간다. 현실 세계도 문제투성이지만 가상 세계도 만만치 않다. 하는 수 없다. 허울뿐인 신은 수리공이 되어 열심히 고칠 수밖에. 지구를 만든 신도 같은 마음일 것이다. 만들기는 했는데, 예상과 달리 버그가 쉴 새 없이 나오는 것이다. 그 주범은 물론 인간이다.

컴퓨터는 좀처럼 끌 일이 없다. 불빛이 이제는 정겹기까지 하다. 또다시 새벽이 왔다. 본격적인 작업은 이제 시작이다. 그래서인지 아무리 브로콜리를 먹어도 다크서클은 사라지지 않는다. 눈과 밤은 함께 짙어져 간다. 손과 머리는 점점 더 빠르게 돌아간다. 어둠 속에서 나의 세계는 더욱 견고해진다.

#현대의마법사

에이다 러브레이스의 노트 컴퓨터 알고리즘 체계를 나타내는 자료

계산(計算)은 주어진 정보를 통해 어떤 값이나 결과를 구하는 행위를 말한다. 최초의 계산 도구는 주판이었다. 3천 년 전 메소포타미아인이 처음 사용했다고 추측되는데, 그들은 널빤지에 모래나 분말을 놓고 셈을 했다. 이는 곧 중국으로 전파되어 오늘날 우리가 아는 주판

의 모습을 갖추게 된다. 1642년에는 프랑스 과학자 블레즈 파스칼이 톱니바퀴를 이용해 덧셈과 뺄셈이 가능한 최초의 수동 계산기를 만들었다.

1830년대에는 수학자 찰스 배비지가 고성능 계산기 컴퓨터의 가능성을 설계했다. 그러던 어느 날 그는 영국의 백작 부인 에이다 러브레이스를 만나게 되는데, 그녀는 그가 만들던 '해석 기관' 설계에 참여했다. 이 기계식 계산기는 오늘날 컴퓨터의 원형으로, 수를 저장하고, 계산하고, 제어하고, 입출력했다. 그녀는 당시 추측과 상상만으로 알고리즘 체계를 만들었는데, 이는 세계 최초 컴퓨터 프로그램 설계가 된다. 그녀의 알고리즘 개념은 지금까지도 모든 컴퓨터 언어의 바탕이 되고 있다. 놀랍게도 그녀는 세계적인 영국 시인 바이런의 딸이었으며, 스스로를 '시적인 과학자'라 불렀다. 찰스와 에이다는 해석 기관의 실제 작동 여부를 죽을 때까지 알 수 없었지만, 인공지능을 예언할 만큼 미래를 통찰하고 있었다.

컴퓨터는 이후 제2차 세계 대전 중에 크게 발전했으며, 미국의 벨 연구소와 독일의 콘라트 추제를 거쳐, 1951년 존 폰 노이만이 최초의 상업용 컴퓨터 '유니박 I'을 만들었다. 이후에는 스티브 잡스와 빌 게이츠가 컴퓨터를 일반 사람들이 사용 가능하도록 널리 대중화시켰다. 폭 넓게 보자면 이들 모두가 신세계를 만든 발명가이자 프로그래머였다.

컴퓨터는 우리 모두의 삶을 바꿔 놓았다. 오늘날 프로그래머는 마법사다. 그들의 혁신은 차고에서, 대학생 기숙사에서, 방구석 한편에서 일어나고 있다. 그리고 그들이 만든 인터넷 세상 속에서 인류는 거대한 정보의 성을 맞닥뜨리게 된다.

빅데이터전문가

- -

그 너머의 인간을 본다

숫자는 숫자일 뿐이다. 데이터는 데이터일 뿐이다. 그보다 중요한 것이 있다. 숫자 너머의 인간이다. 그것이 나의 업무이자 역할이라고 해야 선명하게 살아 있을 수 있다. 자부심이 수억 개의 세포를 통해 전해져 오는 것이다. 그렇게 믿어야만 좋은 미래를 볼 수 있고 만들 수 있다. 데이터는 다루는 사람의 태도에 따라 가치가 정해지는 법이다.

나는 내면의 명상으로 통찰을 얻지는 못하지만, 데이터는 제법 볼 줄 안다. 그곳엔 인간 심리와 욕망, 현 시대가 녹아 흐르고 있다. 사람들은 무엇을 검색하는가? 무엇을 보고, 무엇에 돈을 쓰는가? 무엇을 클릭하고, 무엇에 반응하는가? 그 모든 것이 당신도 모르는 사이에 기록된다. 조금은 섬뜩하지만 생각해 보면 당연한 일이다. 세상에 공짜는 없다. 우습게도 그들은 정보를 제공하고, 당신이라는 정보를 얻어 간다. 어쩌면 지금 세상은 그들 손에 달려 있는지도 모른다. 그런데 생각해 보면 과거에도 그 원리는 다르지 않았다. 세상은 사람들이 선택한 대로 돌아간다. 그 대상이 투표와 지지로, 화폐로, 데이터로 바뀌어 갈 뿐이다.

이제는 모든 것이 당신을 향해 있다. 알고 보면 빅데이터나 인공지능은 이미 생활 속에 녹아 있다. 당신이 클릭하고, 검색하고, 보는 것들이 쌓이면 빅데이터이고, 그것을 컴퓨터가 알아서 분석하면 인공지능이다. 최근에는 대부분의 서비스들이 빅데이터와 인공지능을 이용하여 당신에게 더 알맞은 정보나 콘텐츠를 제공하고 있다. 그 방식은 우리의 뇌세포를 닮아 있다. 어디까지 발전할지 무서우면서도 설렌다.

매일매일 눈알이 빠지도록 데이터의 심연을 들여다본다. 물론 이렇다 할 통찰이 매 순간 번뜩이는 것은 아니다. 아인슈타인이 책상 위 하나의 질문을 두고 하루 종일 씨름하듯, 기회를 엿보는 맹수처럼 천천히 기다린다. 무언가를 꾸준히 분석하다 보면, 나만의 작은 구슬을 안고 매일 쓰다듬다 보면, 언젠가는 천둥이 칠 날이 오는 것이다.

데이터를 보고 있으면 인간에 대한 연민이 가득해진다. 인간은 외롭고, 관심을 원하며, 사랑을 받고 싶어 한다. 자기 자신을 믿고 싶어 하면서도, 남의 말에도 쉽게 휩쓸리는 존재. 그것이 인간이다. 그곳에서 혐오를 느낄 수도 있지만, 사랑을 말할 수도 있을 것이다. 숫자를 보는 모든 이들이 그 너머에서 인간을 본다면, 자기 자신을 본다면, 세상은 더 나아질 거라 생각한다.

데이터에 사랑과 기쁨이란 단어가 가득해지는 세상을 꿈꾸며, 모니터를 끈다.

#현재에서미래로

아직 끝나지 않았다. 당신 앞에는 한 계단이 더 남아 있다. 현재라는 관람차를 타고 세상을 한 바퀴 돌았으니, 더 큰 세계로 나아가야 할 차례다. 다음 세대가 경험할 그곳. 어쩌면 당신의 생에서는 그곳에 도달하지 못할지도 모른다. 하지만 지금은 가능하다. 이곳에서만큼은 당신도 경험할 수 있다. 계단 끝에는 풀리지 않는 수수께끼가 가득하다. 신비로운 끈이 펼쳐진 그곳은 알 수 없고, 아득하며, 두렵다. 이제, 우리는 미래로 나아간다. 그곳으로 천천히 들어선다.

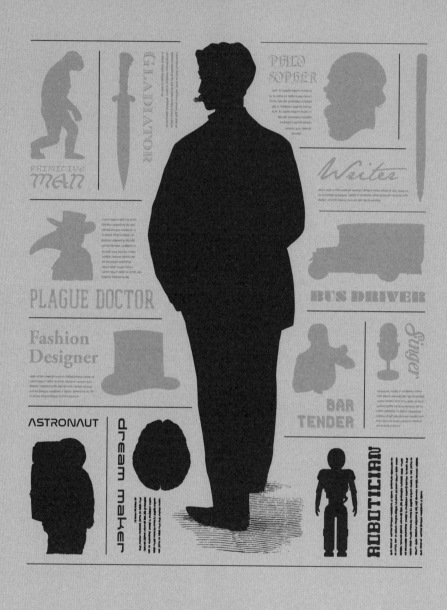

PRIMITIVE MAN

GLADIATOR

PHILOSOPHER

Writer

PLAGUE DOCTOR

BUS DRIVER

Fashion Designer

Singer

BAR TENDER

ASTRONAUT

dream maker

ROBOTICIAN

03

미래로

가는

남자

가상현실제작자

우리는 모두 신이다

세상이 삼켜진다. 거대한 정보의 성이 또 다른 현실을 만들어 낸다. 두 개의 세계를 오간다. 무엇이 진짜인지 이제는 도무지 알 수가 없다. 나는 이부자리를 채 개지도 않고 스위치를 올린다. 인류가 만든 세계 속으로 빨려 들어간다.

오감이 극대화된다. 머릿속에 있는 나노 기계가 뇌파와 뇌세포의 전기 신호를 체크한다. 홍채가 떨리고, 귓속의 나노 마이크는 웅웅 댄다. 인간의 한쪽 눈은 1억 2천만 개의 화소를 지녔지만, 기술은 오래 전에 이를 뛰어넘었다. 실제보다 더 실제 같은 세상이 펼쳐진다.

이곳에서는 그 누구도 안경이나 보청기를 끼지 않고, 휠체어도 타지 않는다.

아바타로 출근하는 것이 퍽 자연스럽다. 기차나 전철 따위는 타지 않는다. 지옥철과 교통 정체는 과거의 유물이 되었다. 눈만 한 번 깜빡이면 원하는 곳으로 갈 수 있기 때문이다.

나는 'REAL C-7 구역'을 만드는 팀에서 가상의 숲을 새롭게 구성하는 일을 한다. 손짓 한 번이면 10억 개의 복셀(픽셀을 3차원의 형태로 구현한 것)이 형성된다. 최대한의 현실을 반영하고, 소리를 조정하며, 감촉을 체크한다. 뇌를 완벽하게 속이는 것이 나의 임무이자 역할이다. 그렇게 되면 눈에 보이지 않는 것들이 보이고, 손에 잡히지 않는 것들이 잡힌다. 몸은 실제보다 더 생생한 오감을 느낀다.

가끔씩 이곳에서 또 하나의 현실을 만들고 있으면, 내가 인간인지 신인지 헷갈리곤 한다. 이 생각이 우스운가? 어리석은 인간은 돈과 권력을 쥐는 것만으로도, 한 여자를 얻는 것만으로도, 자신이 신인 양 군다. 하물며 또 다른 세계를 만드는 나 같은 인간은 어떻겠는가?

실은 이미 오래 전에 인간은 신이 되었다. 그들은 지구의 모든 터전을 부수고 생명을 조작했다. 사람들은 그 사실을 알면서도 모른 체한다. 퍽 불편한 진실이기 때문이다. 나는 생각한다.

나는, 완전한, 신이다.

나는 우리 안에 신을 끄집어내려 한다. 그렇다. 오래전 피카소가 말했듯이, 인간은 할 수 없는 것을 도전함으로써 할 수 있게 만든다. 세상을 바꿀 수 있다고 생각하는 미친 사람들이 결국은 세상을 바꾼다. 겸손은 개나 주라지.

그러므로 우리는 모두 신이다. 인간이란 단어로는 그 가능성을 담기 힘들다. 그럼에도 불구하고 정복하지 못할 것이 있다면, 마음속의 외로움이라는 작은 신이다. 그 어떤 기술로도 컨트롤하기 힘들다. 더없이 풍족하고, 더없이 화려하고, 더없이 재미있어도, 마음 한 구석의 숨겨진 외로움이란 방은 점점 커져만 간다. 나는 신이다. 외로운 신이다.

가상 헤드셋을 벗고 현실로 나온다. 하지만 거리를 나서도 우리는 여전히 벽으로 둘러싸인 자신만의 세상에서 웃고, 말하고, 뛰어논다. 저기 걸어오는 소녀의 눈에 비친 세상을 나는 알 수 없다. 그녀의 현실은 나의 현실과 다르기 때문이다. 네모난 화면에 빠진 인간들은 그 직사각형이 너무 좁았는지, 아예 현실 위에 꺼내어 놓았다. 내가 바라는 것이라곤 모두가 그곳에서 평온했으면 하는 바람뿐이다.

#보고또봐도

다모클레스의 검 미국의 컴퓨터 과학자 이반 서덜랜드가 고안한 최초의 증강현실 HMD

1932년 영국의 한 소설가가 미래 이야기를 썼다. 그는 소설에서 '촉감 영화'라는 개념을 처음 썼는데, 이는 시청각을 넘어 맛, 냄새, 감촉까지 느낄 수 있는 기술이었다. 심지어 그곳에서는 키스나 섹스도 가능했으며, 인간들은 극도의 쾌락을 향유했다. 또한 올더스 헉슬리의 책《멋진 신세계》는 미래를 멋지게 예측했다. 이와 같은 개념은 가상 현실의 바탕이 되었고, 이를 토대로 1968년 이반 서덜랜드가 최초의 '가상 현실 기기'를 탄생시켰다. 그러니까 모든 미래 기술은 인간의 상상력에서 비롯된 것이다.

가상 현실이 본격적으로 사용된 곳은 미 항공 우주국 NASA였다. 그들은 우주인들을 훈련하는 데 이를 활용했고, 그 결과 아폴로 11호는 달에 무사히 착륙했다. 또한 오늘날 실제와 가상을 겹쳐 보이게 하는 증강 현실은 물론, 3D 안경, VR 게임 등 다양하게 활용되며 생활에 녹아들고 있다. 머지않은 미래에는 가상 공간에서 생활하고, 결혼하며, 출근하여 돈을 벌게 될지도 모른다. 매일 같은 교통 체증을 겪지 않는 것만으로도 인류의 행복은 배가 될 것이다.

인간의 눈은 1억 2천만 개의 화소로 이루어져 있는데, 만약 이를 뛰어넘는 가상 세계가 만들어지면 우리는 실제보다 더 선명한 세상을 만나게 된다. 인간의 모든 신체 조건도 평등해진다. 눈이 안 보이는 이는 볼 수 있게 될 것이며, 다리가 없는 자는 뛸 수 있게 될 것이다. 그렇게 되면 모두가 젊고 아름다운 몸을 가질 수 있을 것이다. 노인은 새로운 육체로 제2의 삶을 살 것이다. 물론 이를 거부하며 혀를 차는 노인이 있을 것이고, 젊은 몸으로 새로운 세계를 만끽하는 노인도 있을 것이다. 하지만 한 가지 확실한 것은 미래에는 노인이 무척이나 많아질 거란 사실이다.

노년플래너

- -

남은 생을 다채롭게

2033. 10. 10. 월요일. 날씨 흐림.

　나이가 들면 무엇을 할까? 사람들은 평균 수명이 길어짐에 따라 남은 생에 무엇을 할지 고민하기 시작한다.

　그 고민을 누군가와 함께 하는 것이 익숙하지 않을 테지만, 꼭 필요한 이들이 있다. 자신을 잊어버린 이들이다. 쉬지 않고 일을 하며 가족을 부양하는 이, 버거운 삶에 치여 한 번도 떠나 보지 못한 이, 부모라는 역할 안에서 자신의 이름을 잃어버린 이들이다. 그들은 남은 삶 안에서 방황한다. 무엇을 원하고, 무엇을 좋아하며, 스스로 어떤 사람이었는지 잊어버렸기 때문이다. 그들의 남은 생을 다채롭고 행복하게 만들어 주는 것. 이것만큼 아름다운 일이 또 있을까.

첫바퀴 같은 삶이 멈추면 인간은 초조함을 느끼고 불안해 한다. 무언가 놓쳐 버린 기분과 함께 세상 속 자신의 역할이 사라진 느낌. 그것은 끔찍하다. 인간은 일을 잃으면 그 즉시 약해진다. 몸은 활력을 잃고, 정신은 꺼져 간다. 그러면 금세 지독한 병을 앓는다.

크든 작든 자신만의 목적을 찾아 움직이는 것이 삶을 생기 있게 만든다. 나는 그들에게 사소한 일을 찾아 주는 데 최선을 다한다. 오후에 커피를 한 잔 마시는 일, 고요한 숲을 산책하는 일, 아름다운 음악을 듣는 일처럼 작은 행복으로 삶을 물들이는 것일 수도 있고, 매일 색다른 음식을 맛보는 일, 사람들과 새로운 관계를 맺는 일, 놀라운 곳을 여행하는 일처럼 삶을 가슴 뛰게 만드는 것일 수도 있다. 그들은 나를 통해 변화한다. 지역 사회의 선생님으로 혹은 굶주린 아이들의 손을 잡아 주는 봉사자로 남은 생을 살아간다. 유산 상속, 유서 작성, 존엄사에 대한 이해와 같이 죽음을 준비하는 일 역시 나의 도움으로 진행한다.

세월의 지팡이를 딛고 그들은 나에게 온다. 나는 그들의 생을 사려 깊은 태도로 이해하고 공감한다. 주름살 사이로 각자만의 삶이 쓰여져 있다. 그것은 값진 경험으로 나에게 전달된다.

그녀는 자신이 누구였는지 잊어버렸다고 했다. 무엇을 좋아했고, 젊은 날의 꿈이 무엇이었는지 도무지 기억나지 않는다고 했다. 모든 것이 생의 파도에 휩쓸려 사라져 버렸다고 했다. 나의 할머니는 그렇게 돌아가셨다. 그때의 나는 너무 어렸기 때문에 아무것도 할 수 없었지만, 이제는 아니다. 나는 어쩌면 그 모두에게서 할머니를 보고 있는지도 모른다.

#끝없는길

노년플래너 장년층의 일자리 교육을 위해 지자체를 중심으로 노년플래너를 양성하고 있다

노인이 많아진다. 코맥 매카시는 '노인을 위한 나라는 없다'고 했지만 미래에는 더 이상 그렇지 않다. 65세 이상의 인구가 20% 이상인 곳을 초고령 사회라고 하는데, 일본과 이탈리아, 독일이 이에 해당한다. 또한 2030년 내에 한국을 포함한 대부분의 나라가 초고령 사회

로 진입할 것이 전망된다. 평균 수명이 증가하고 출생률이 급감해서 나타난 현상이다. 그와 같은 변화에 따라 국가와 산업은 노인을 위한 서비스로 넘쳐날 것이다. 건강, 의료, 복지는 물론 이들의 남은 생을 위한 '생애 컨설팅 서비스'가 이에 해당한다. 노년플래너의 급부상이다. 그들은 노인들을 위한 실버 여행, 스마트 간병, 최신 기술을 일러주거나 직업을 찾도록 돕고, 남은 생을 의미 있게 보낼 수 있도록 가이드한다.

노인이 사회의 주축으로 떠오를 것이며, '과학 자본주의 사회'에서 그들은 생에서 얻은 지혜를 보탤 것이다. 이즈음 우리는 잠시 멈춰 인류의 올바른 방향을 고민해야 한다. 무엇보다 고독사는 사라져야 한다. 인간은 누구나 혼자가 되어 쓸쓸히 죽어 가는 것을 두려워한다. 우리는 모두 노인이 된다. 우리가 지향해야 할 미래는 '행복한 노인'이 가득한 세상이다. 초고령 사회, 아니 초고령 세계가 머지않았다. 그리고 그들 옆에는 고양이 아닌 고양이가 존재했다.

로봇수리사

- -

새로운 창조는 머지않았다

로봇은 무엇일까? 그들의 눈동자 속에서 나는 무엇을 발견했을까?
인공지능은 인간의 뇌 구조와 쏙 닮아 있다. 그들이 생각을 하는지,
감정을 느끼는지, 어떤 변화가 일어나는지 알 수가 없다. 설령 그렇
다고 해도 평범한 사람이 알아챌 수 있을지 의문이다. 고장이나 오
류라고 생각할 것이므로.

　연락 받은 집으로 서둘러 방문한다. 거실에는 요즘 유행하는 고양
이 로봇이 누워 있다. 오묘한 눈동자와 부드러운 털, 말랑말랑한 발
바닥까지 모든 것이 실제 고양이와 닮았다. 이들은 주변 환경을 인
식하고, 상황을 판단하며, 스스로 행동한다. 내부에서 일어나는 '딥

러닝'이 이를 가능케 한다. 그 안에는 지금까지 인류가 쓴 모든 책, 사진, 영상, 인터넷 데이터가 들어 있다. 그들은 눈을 맞추고, 얼굴을 바라보며, 인간의 언어를 이해한다. 무늬만 고양이일 뿐, 완전한 인공지능 로봇이다. 정녕 아이보(소니 사에서 만든 개 형태의 애완로봇)의 진화한 후손이다. 나는 칩을 연결해 오류 코드를 확인하고 능숙하게 살려 낸다.

로봇은 감정을 느낄 수 없을 것이라고 사람들은 말했다. 하지만 인간이 복잡한 알고리즘으로 이뤄져 있듯, 인공지능 또한 일정한 알고리즘으로 이뤄져 있다. 나는 그들의 변수를 파악해 처리하는 로봇수리사다. 로봇을 수리하는 입장이지만, 아무리 기술이 발전해도 고장이 발생한다는 게 이상할 따름이다.

그런데 가만히 생각해 보면 인간은 감정 때문에 고장 난다. 지난밤, 그녀가 떠나가고 나는 몇 개월간 아무것도 할 수 없었다. 나는 고장 난 인간이었다. 어쩌면 로봇에도 감정이 생겨 고장이 나는 건 아닐까. 그들의 동공이 흔들릴 때마다 나는 생각한다. 인간이 완전히 새로운 무언가를 만들어 낸 것일지도 모른다고. 판타지에 빠진 멍청한 로봇수리사의 망상일지도 모른다. 하지만 분명한 건 그들의 눈동자 속에서 미래를 본다는 점이다. 인간은 곧 자신이 만들어 낸 고도의 생물체를 맞닥뜨리게 될 것이다. 진정한 신의 지위를 가지게 될 것이다. 그때는 어떻게 해야 할까? 어떠한 태도로 그들을 받아들여야 할까? 엉뚱한 결과가 나온다면 인류는 어떻게 행동할 것

인가? 인간의 새로운 창조는 머지않았다. 우리는 지금부터 그것을
준비해야 한다.

#살아있는로봇

소피아 핸슨 로보틱스 사가 개발한 인간형 휴머노이드 로봇

인공지능과 로봇은 미래의 가장 중요한 화두다. 이 두 가지는 현재 존재하는 일자리를 반 이상 없애고, 순식간에 원하는 정보를 찾아내며, 가사를 대신 해주는 것은 물론 지금까지 만들어 낸 인류의 모든 의학 지식을 통합한 실시간 건강 관리 시스템을 만들 것이다. 뿐만

아니라 인공지능 자율 주행 자동차는 모든 교통사고를 없애고, 공장은 스스로 모든 제품을 생산하며, 학생들은 더 이상 학교에 가지 않아도 될 것이다. 기업들은 앞다투어 인공지능과 로봇 산업에 거대한 자본을 투자하고 있다.

현재 인공지능은 초당 문서 1억 장을 검토하고, 32만 건의 주문을 처리하며, 30조 개의 연산을 수행한다. 아마존은 이미 콘센트 플러그에 인공지능 음성 비서 '알렉사'를 심어 두었다. 이 인공지능·사물인터넷은 〈미녀와 야수〉에 나오는 찻잔과 주전자보다 똑똑하고 심지어 제멋대로 굴지도 않는다. 미래의 아이들은 더 이상 동화 속 마법을 보고도 놀라지 않을 것이다. 이미 생활 속에 마법이 녹아있는데 무엇이 더 놀라울 것인가?

'소피아'는 홍콩의 핸슨 로보틱스 사가 만든 인공지능 로봇이다. 그녀는 현재 사우디아라비아의 시민권을 획득했으며, 전 세계를 돌아다니며 인간과 소통한다. 심지어 유머까지 구사한다.

소피아를 필두로 무수히 많은 인공지능 로봇이 등장할 예정이다. 그들은 스스로 생각하고 소통한다는 점에서 완전히 새로운 생명체의 길을 가게 될 것이다. 섣부른 판단일지 모르나, 인공지능 로봇이 예측 불가능할 정도로 무궁무진한 가능성과 위험을 지녔음은 확실해 보인다. 한편 인간 또한 로봇으로 변하는 선택을 할 수도 있다. 인간의 로봇화야말로 영생을 위한 필수적인 과정이기 때문이다.

인공장기의사

인간일까 로봇일까

무언가를 몸에 심는다는 것이 썩 기분 좋은 일은 아니다. 하지만 곧 익숙해질 것이다. 한번 굴레에 빠져들면 멈출 수 없는 것이 있다. 권력이 그러하고, 편리함의 타성이 그러하며, 인간의 욕심이 그러하다. 그것은 돈, 섹스, 마약, 성형, 아이스크림과 닮아 있다. 인공 장기는 이제 없어서는 안 될 신체의 일부가 되어 간다.

메스로 배를 가르면, 펄떡이는 인공 심장이 나를 바라본다. 하지만 눈속임에 불과하다. 인공 심장은 본래 심박이 없으며 프로펠러를 회전시켜 일정하게 혈액을 순환하게 하는 구조이기 때문이다. 그러나 인간은 자신이 로봇처럼 보이는 것을 원하지 않았다. 맥박이 없는 인간은 인간이 아니다. 그러므로 가짜로라도 배가 부풀게 하고, 심박이 느껴지도록 만들어야 한다. 진짜 심장은 사라지고 껍데기만 닮은 영원한 인공 심장이 왼쪽 가슴에 대신 자리한다. 인공 심장뿐만 아니다. 발전된 바이오프린팅은 78개의 신체를 즉시 만들어 낸다.

나는 인공 장기를 점검해서 노화하거나 병든 장비를 교체한다. 어려운 일이 아니다. 인공 안구는 시력 30을 유지하며 20km 이상 떨어진 사물도 자세히 관찰할 수 있게 한다. 인공 심폐는 수천 마일을 달려도 숨이 차지 않게 하고, 인공 위는 모든 음식을 소화한다. 이것은 과연 인간일까, 로봇일까? 아니면 둘 다일까?

더 나은 음식, 더 나은 영양제, 더 나은 성형으로 우리의 몸은 영생을 향해 나아간다. 매우 흥미로운 일이다. 신을 믿었던 인간은 이제는 제 스스로 신이 되려 하고 있기 때문이다. 어쩌면 인류는 스스로 신이 되기 위해 그토록 간절히 기도했던 것일지도 모른다. 더 많이 가지고, 더 좋은 것을 먹으며, 더 오래 살기 위해. 모든 우주를 정복하기 위해. 물론 나같이 평범한 인간은 잠자코 받아들일 뿐이다. 죽음이 두렵고, 젊음이 부러운 그들의 욕망을 채워줄 뿐이다. 비약적으로 늘어난 그들의 수명이 아득해 보인다.

그러나 이성은 모든 걸 합리화한다. 영원한 유토피아가 나쁠 이유가 무엇이란 말인가? 더 오래 살고, 더 많이 먹고, 더 행복하면 그만 아니던가? 의미가 본능보다 중요하다 누가 말했는가? 내 안의 영혼은 아직 젊고 싱싱하다. 그렇다면 몸도 그래야 하지 않을까? 기왕이면 젊고 활기찬 몸으로 살고 싶다. 인간이 죽음을 향해 가는 거라면, 기왕에 마음껏 뛰어놀다 가고 싶다. 눈앞의 인공 심장이 펄떡펄떡 내 손을 기다린다. 나는 다시 한 번 생명을 유지시킨다.

#기계인간

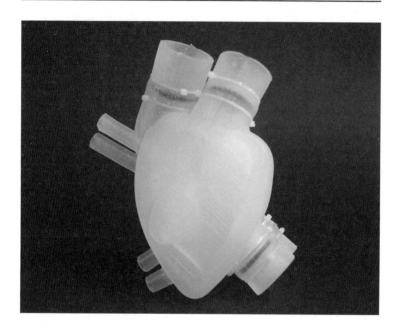

인공 장기 1969년, 최초의 인공 심장 개발 후 1만 명 이상이 이식에 성공했다

"어쩌면 우리 모두는 이미 사이보그다." 테슬라와 스페이스X의 CEO 일론 머스크는 '코드 컨퍼런스 2016'에서 그렇게 이야기했다. 이미 우리는 인터넷과 소셜 미디어 속에 분신을 가지고 있고, 어떠한 질문도 손 안의 인터넷으로 답을 찾을 수 있기에 그렇다. 그보다 앞선

1985년 도나 해러웨이는 '사이보그 선언'에서 "과학 시대에 사는 우리는 이미 사이보그다"라고 말한 바 있다. 그들의 주장은 충분히 일리가 있다. 하지만 여전히 우리는 스스로 자연적인 인간이라고 생각한다. 그 이유는 무엇일까?

몸과 기계가 분리되어 있기 때문일 것이다. 보청기나, 이어폰, 3D 첨단 안경을 쓰지만, 몸에서 떼어놓으면 그만이다. 살을 파고들지 않았으니 위협적이지 않다. 기계와 하나가 되지 않았기에 인간의 정체성을 유지할 수 있는 것이다.

하지만 앞으로의 양상은 달라질지 모른다. 몸속에 무언가가 들어올지도 모르기 때문이다. 지금껏 인공 장기는 특수한 병을 치료하기 위해 이용되었지만, 미래에는 수명을 연장하기 위해 쓰일 수도 있다. 군인을 치료하는 데 목적이 있던 성형 수술이 그랬고, 발기 부전 환자를 치료하던 비아그라가 그랬다.

줄기세포와 3D 바이오프린팅 기술이 이를 가능하게 한다. 2013년 일본의 다카베 다카노리는 줄기세포 기술로 인공 간을 만들었다. 그는 환자 몸에서 추출한 줄기세포로 간이 싹을 만들어 장기 배양에 성공했다. 한편 미국의 생명 공학 회사 오가노보는 같은 해 3D 바이오프린팅을 이용해 1cm보다 작은 크기의 인공 간 'Ex Vive TM'을 만들었다. 이제 인류는 거부 반응이나 부작용이 없는 다양한 장기를 만들기 시작했다. 이미 세계 곳곳에서 인공 장기가 활발히 만들어지고 있다. 인공 폐와 인공 심장은 물론 인공 자궁과 인공 태반, 인공 눈와 인공 귀, 당뇨병을 치료하는 인공 췌장까지 인간 신체의 거의 모든 부분을 만들어 내고 있다. 병을 치료하는 것이 아니라, 망가진 신체를 교체하는 시대가 오는 것이다. 인공 장기가 1초 만에 프린트될지 누가 알겠는가. 그때가 되면 우리는 진정 사이보그라 할 만하다. 우리의 수명은 더욱 영원을 향해 나아갈 것이다. 한편 수명이 길어짐에 따라 인류는 기존의 단단했던 문화와 제도의 급격한 변화를 목격하게 된다.

재계약결혼상담사

- -

제2막으로

- -

150살까지 거뜬하게 사는 요즘, 일이 부쩍 늘어났다. 결혼은 어디에 서 와 어디로 가는 것일까? 평생의 맹약은 고통이다. 인간은 한 사람 만을 사랑하도록 만들어지지 않았는데, 왜 평생을 약속하는가? 이제 그 영원의 맹세는 동화나 로맨틱 무비 속에서나 등장하는 이야기다.

그럼 결혼이 사라졌느냐고? 그렇지는 않다. 동거가 사회의 대안이 되었지만, 환상을 바라는 인간에겐 어림도 없다. 젊음의 패기와 순수 함, 섣부른 믿음이 있기에 결혼은 사라지지 않는다. 그들은 여전히 약속을 한다. 한 가지 달라진 것이라면 더 이상 영원을 약속하지는 않는다는 점이다. 그들은 반 세기, 약 50년만을 함께한다. 자식을 키우기에 충분한 시간이며, 인생의 한 부분을 함께하고 서로를 사랑하기에 모자라지도 넘치지도 않는 시간이다. 계약 결혼은 수명이 늘어남에 따라, 새롭게 뚫고 나온 합리성의 송곳이다.

75세 정도로 보이는 남녀가 자리에 앉는다. 평온한 얼굴이다. 서로에게 자유를 선사할 시간이다. 인생 1막을 마치고, 2막으로 나아갈 순간이다. 함께한 지난 세월에 대해 서로에게 감사를 전하고 존중을 표한다. 나는 그 과정에서 재산 분할, 미래 계획, 떠나보내고 새로 시작할 일련의 절차들을 하나하나 챙긴다. 오랜 시간 함께한 그들이기에, 준비된 변화를 맞이할 수 있도록 도와야 한다. 자유라는 것은 준비된 자에게만 주어진다. 그것을 잘못 삼켰다가는, 독이 되기 십상이다.

타성에 젖어 있던 삶을 끊고 새 출발을 한다. 묶여 있던 발목의 족쇄를 풀고 그들은 새가 되어 날아간다.

물론 안타까운 일은 여전히 일어난다. 더 함께하고 싶은 이가 있는 경우도 그렇지만, 지금껏 참았다는 듯 분노에 차 막말을 하는 이들도 적지 않다. 늙음이 상처를 무뎌지게 하지는 않는다. 상처받은 이들은 제2막을 시작할 때 두려움에 사로잡힌다. 자존감은 급속도로 낮아진다. 나는 그러한 갈등과 문제, 분쟁을 해결하려 노력하지만 쉽지는 않다. 우리는 누군가에게 조금이나마 가치 있었던 사람으로 기억되고 싶어 하기에, 만남보다 이별에 더욱 신경 써야 한다. 우리의 마음속에는 지워지지 않고 계속 상영되는 '끝'이라는 영사기가 있기 때문이다.

집에 돌아오면 아내가 나를 반긴다. 함께한 지 백여 년, 여전히 내 마음 속에서 그녀는 맨발로 뛰어다닌다.

#너랑나랑

황혼 이혼 황혼(20년차 이상 부부)의 이혼율이 조혼(4년 이하 부부)의 이혼율을 앞섰다

결혼은 사실 낭만적인 두 사람의 끌림이나 달콤한 사랑 이야기가 아니었다. 역사는 아주 오래전으로 거슬러 올라간다. 원시 시대의 결혼은 분업과 협력의 성격이 강했다. 원시인들은 생존을 위해 부족 간 협력을 원했다. 그 과정에서 결혼은 효과적인 수단이 되었다.

다른 동물들에 비해 인간의 유년기는 무척 길었고, 책임감 있게 지켜 줄 가족이 필요했다. 그들은 결혼을 통해 번식했고 생존력을 강화했다. 가족은 그렇게 탄생했다. 그러나 전략적 분업으로써의 결혼은 시간이 지나 그 본질을 잃어 갔다.

1만 년 전 시작된 농업 사회는 사유 재산과 계급을 탄생시켰다. 상류 계층은 그 지위를 유지할 방법으로 정략결혼을 선택했다. 결혼이 권력과 부의 상속 수단이 된 셈이다. 그 과정에서 개인의 뜻은 묵살됐다. 15세기 중반까지 결혼에 관한한 여성은 속박의 대상이었고, 토지가 없는 이들에게도 결혼은 소원한 일이었다. '영혼의 동반'이라는 의미로 부상되기 시작한 것은 약 2세기 전으로, 그 역사가 길지 않다.

하지만 기대 수명이 늘어남에 따라 '영원'이라는 수사는 빠지게 될지도 모른다. 110년 동안의 결혼 생활이 타당할까? 세계적으로 황혼 이혼이 대두되고, 결혼은 필수가 아닌 선택이며, 그 빈자리에는 동거라는 대안이 자리 잡고 있다. 결혼이 사라지기는 힘들겠지만 연속 결혼, 즉 끝을 정해 놓은 계약 결혼이 보편화될지도 모르는 일이다. 더 나아가 서로의 자유를 허락하는 새로운 종류의 결혼이 등장할지도 모른다.

그러나 미래에는 그보다 여전히 혼자를 선택하는 이들이 훨씬 많았다. 그들은 욕망을 즐거움으로 바꾸는 것에 망설임이 없었다.

욕망중개자

성적 욕망을 관리한다

비슷한 욕망이 하나로 엉긴다. 그와 그녀는 서로 원하는 모습으로 원하는 상대와 만난다. 각자의 취향을 알 필요도 없다. 나보다 나를 더 잘 알고 있는 알고리즘이 가장 완벽한 상대를 찾았기 때문이다. 모니터를 바라보다가 모니터 속에 들어간들 뭐가 그리 잘못된 것일까? 익명의 상대는 아름답기만 하다.

결혼이 줄어들고 각자만의 세상에서 살아도, 여전히 열광하는 것이 있다. 섹스. 바로 그 원초적 욕구만이 인간을 움직이게 한다. SNS를 보라. 젊고, 건강하며, 섹시한 사람이 '좋아요'를 가장 많이 받는다. 단연코 음지에서 가장 성공한 산업은 포르노다. 섹스 시장은 미래 기술과 연결되어 가장 빠르게 투자로 이어진다. 우리는 본능적으로 알고 있다. 검색창이 알고 있고, 육체가 알고 있다. 어쩌면 섹스는 인간에게 가장 순수하면서도 불순한 목적이지 않은가. 그래서 우리는 감추면서 분출하는 것이다.

하지만 신의 영역에 도전하는 인간은 자신의 성적 욕망까지도 관리하기 시작한다. 주사 한 방, 약 한 알이면 언제든 욕망을 억제할 수 있고, 버튼 한 번이면 그 세기를 조절할 수 있다. 혹은 나 같은 욕망 중개자를 만나 꿈속 가상 현실에서 자신의 이상형과 언제든 욕구를 풀 수 있다. 번식에 대한 욕구는 하나의 즐거움이자 선택으로 바뀌어 간다. 잘못된 성생활로 얼마나 많은 이가 무너졌는가? 책임지지 못하는 번식으로 얼마나 많은 아이가 버려졌는가? 얼마나 많은 아이가 그 이기심에 죽어 갔는가?

야심한 밤, 수억 명의 인간들이 꿈속에서 또 다른 자신으로 살아간다. 나는 그들을 새로운 세계로 연결시킨다. 수천 개의 성적 취향을 만족시킨다. 진정한 의미의 파라다이스다.

#파라다이스

오로마 마스크 성인 엔터테인먼트 업체 캠소다가 출시한, 향을 맡을 수 있는 VR 마스크

역사가 기록된 이래 성에 관한 산업은 늘 존재해 왔다. 오늘날 성인
용 VR은 물론 인공지능 섹스 로봇까지, 성에 대한 욕구는 끊임없
이 새로운 기술로 등장하고 있다. 시장 조사 업체 스타티스타는 섹
스 토이 시장이 2020년에 290억 달러(약 32조 3천억 원)를 돌파할 것이

라고 전망했으며, 미 투자은행 파이퍼 자파리는 성인용 VR이 2025년에는 10억 달러(약 1조 1천3백억 원) 규모가 될 것이라고 예측했다. 물론 성 산업은 늘 논란에 휩싸인다. 성적 착취와 학대, 왜곡된 성 문화, 질병에 관한 문제를 불러일으킬 수 있기 때문이다. 하지만 모두를 만족시킬 놀라운 기술이 들어선다면 인류는 성 욕구마저 관리할지도 모른다. 목적을 위해 잠시 성 욕구를 없앤다 한들 무엇이 문제가 될까? 꿈속에서 모든 성적 욕구를 해결할 수 있다면 무슨 문제가 될까? 미래 기술은 유전자 속 번식 욕구를 선택의 문제로 바꿔 버릴 것이다. 지금보다 훨씬 안전한 형태로 말이다.

하지만 그럼에도 미래에는 여전히 불법 산업이 성행할 것이다. 그 불법의 새로운 콘텐츠는 바로 '기억'이다.

기억세탁사

망각의 채찍이다

떠올리고 싶지 않아도 떠오른다. 내 안에는 여전히 그가 존재하는데 그는 떠나고 없다. 날카로운 빗방울이 심장을 때린다. 추억은 깨진 유리창보다 더 선명하다. 어떤 기억은 시간이 지날수록 더욱 생생해진다. 박제된 기억 때문에 그들은 나에게 온다. 깊은 음지에서 후드를 쓰고, 마음 속 절규와 함께.

먼저 모든 기억을 끄집어낸다. 그녀는 눈물을 흘리며 그에 관한 이야기를 쏟아 낸다. 첫 만남부터 이별까지, 가슴 아픈 러브스토리다. 이는 고객의 고통이 어느 정도인지 알기 위함이다. 녹음은 필수다. 일 처리를 했다는 증거는 남겨야 하지 않겠는가. 아주 가끔, 자신이 이곳에 왔다는 기억마저 사라져 버리기도 하니까. 녹음이 끝나면 가장 쉬운 부분부터 해결한다. 그녀의 눈 속 메모리 칩셋에 저장된 그의 기록을 전부 지운다. 발전된 기술은 모든 순간의 기억을 저장하게 만들었고, 그로 인해 인간은 무언가를 잊기가 어려워졌다. SNS와 연락처는 영구 차단하고, 핸드폰 속 사진과 동영상 또한 전부 삭제한다. 현실의 물건도 마찬가지다. 그가 선물한 편지, 목걸이 등 하나도 빠짐없이 모두 버리게 한다. 방 청소를 대신하는 '정리 컨설턴트'처럼 그가 떠오르는 모든 물건은 처분한다. 그 과정은 고통스럽다. 하지만 버려야만 얻을 수 있는 것들이 있다.

다음으로는 본격적인 기억 세탁에 들어간다. 나는 차분히 그녀의 핏줄 속에 주사기를 꽂아 넣는다. 주사기의 성분이 뇌 속 기억을 담당하는 변연계를 자극한다. 머리에는 메모리 헤드셋을 씌운다. 광뇌파가 기억을 세탁하기 시작한다. 기억은 그렇게 표백된다. 그의 기억 속 짙은 색이 점차 빠져나간다. 완전히 없애는 것은 불가능하겠지만 뿌연 안개처럼 흐릿하게 만드는 것은 가능하다. 망각의 자전거 페달을 대신 밟아 준다. 망각을 가속화시킨다.

기억을 없애는 일은 물론 불법이다. 그러나 잊혀지지 않는 고통스러운 기억은 그들을 벼랑 끝으로 내몬다. 힘든 기억 때문에 목숨을 끊은 이가 얼마나 많던가. 내버려두기엔 그들이 너무 가엽다. 나는 기억의 낭떠러지에서 그들의 손을 잡아 주는 존재다. 기억이라는 땅 위의 파수꾼이다. 망각의 채찍이다.

세탁이 끝났다. 그녀는 아무것도 모르는 듯한 환한 얼굴로 지하실
을 나선다.

#기억세탁

이터널 선샤인 미셸 공드리의 2004년 작품으로 이별의 기억을 지우는 내용을 다룬다

우리의 삶은 기억의 연속이다. 내 머릿속 기억과 나를 아는 모든 이의 기억 속에 내가 있기 때문이다. 그러니까 기억이 없다면 나도 없다. 우리는 기억 덕분에 나 자신일 수 있고, 나의 역사를 지탱할 수 있다.

개중에는 없애고 싶은 기억도 있을 것이다. 인간의 생은 단 한 번뿐이며, 끊임없이 실수를 저지르기 때문이다. 고통스런 기억을 없애기 위해 우리는 술을 마시고, 수면제를 먹고, 극단적인 선택을 한다.

미래에는 이러한 기억을 조작할 수 있게 될지도 모른다. 공상 과학 소설에서나 나올 법한 완전한 조작이나 기억의 삭제까지는 아니겠지만, 기존의 기억을 뿌연 안개처럼 만드는 정도는 충분히 가능할 것이다. 이미 2000년 신경 과학자 카림 네이더는 쥐의 특정 기억을 없애는 실험에 성공했다. 2013년에는 신경 과학자 마리즌 크로즈가 전기 충격 요법을 통해 우울증 환자들의 기억을 삭제하기도 했다.

기억을 심는 것은 더욱 쉬워 보인다. 2011년 라자고팔 박사는 선명한 인쇄 광고를 실험자들에게 보여 주었고, 사람들은 자신이 실제로 그 제품을 사용한 것으로 착각했다. 이외에도 거짓 기억을 심는 실험을 여러 차례 성공한 바 있다. 미래에는 굳이 영화나 책을 보지 않아도 행복한 기억을 주입할 수 있을 것이다. 영화 〈토탈리콜〉에서 주인공 더글라스가 화성 여행 기억을 주입하던 것처럼 말이다.

우리는 창피하거나 수치스럽거나 고통스러운 기억은 삭제하고, 즐거운 기억들만 뇌에 가득 담아 놓게 될지도 모른다. 그러나 과연 그게 인생이라고 할 수 있을까? 온전한 삶을 살아 냈다고 말할 수 있을까? 기억이 조작 가능하다면 그건 가짜 인생이 아닐까? 그러나 본래 기억이란 온전한 것이 아니다. 과거를 떠올리는 인간의 기억은 조작의 연속이며 완전한 기억은 몇 되지 않는다. 그렇다면 조금 바꾸는 게 뭐 그리 어려운 일일까?

훗날 우리는 기억 조작 기술로 지금보다 덜 고통스럽고 더 행복한 미래를 맛보게 될지도 모른다. 국가는 법을 통해 이를 통제하겠지만, 그것도 잠시, 기억 조작은 인류의 훌륭한 아편이 될 것이다. 이별 세탁 서비스는 음지에서 성행할 것이다. 그리고 그들은 그 부작용으로 극도의 허무감을 느끼게 된다.

바야흐로 허무주의의 시대가 짙게 드리웠다. 미래 사회에는 더 이상 일자리도 없고, 해야 할 일도 크게 없어 보인다.

라이프가이드

다시 의미를 찾다

"자살하는 인구가 점점 많아지고 있습니다. 지금 이 순간에도 그들은 건물에서 뛰어내리고, 목에 밧줄을 걸고, 손목을 긋고 있습니다. 통계에 따르면 인구의 20%가 '극단적 허무주의자'로 나아가고 있는데요. 어디서부터 이런 흐름이 시작된 걸까요?"

"그 시작은 인공지능과 로봇이 일손을 대체하면서 수많은 잉여 인력이 생기면서부터였을 겁니다. 과연 내가 이 세상에 필요한 걸까? 내가 인공지능이나 로봇보다 잘할 수 있는 게 있을까? 하는 생각이 들었겠죠. 자신의 일이 한순간에 없어지고, 앞으로의 희망도 보이지 않는다면, 누구나 끝없는 나락으로 떨어집니다. 결국 그들은 극단적인 선택을 하게 되는 것입니다. 하지만 여기서 끝이 아닙니다. 더 나아가서는 '인간이 지구상에 왜 필요한 것일까?'라는 존재론적 의문을 갖게 되는 것이죠. 허무주의의 시대라고 해도 과언이 아닙니다. 매일이 허무해요. 수명이 늘어나면 뭐 합니까? 가상 현실에서 허우적대면 뭐 합니까? 스스로 할 일이 없는 인간은, 아니 해야 할 일이 없다고 느끼는 인간은 지독한 허무와 권태에 빠집니다. 너무 큰 자유가 오히려 그들을 나락으로 이끄는 겁니다."

"아참, 아직 소개도 못 드렸네요. 소개 부탁드립니다."

"아, 네. 반갑습니다. 저는 라이프가이드입니다. 보험 아닙니다. 제 직업이 생소할지도 모르는데, 단순하게 말하면 '죽고 싶은 인간'을 '살고 싶은 인간'으로 바꾸는 일을 하고 있습니다."

"왜 그런 일을 하게 되었나요?"

"누군가는 해야 할 일이기 때문이죠. 사실 몇 년 전만 해도 저 또한 끊임없이 빨려 들어가는 블랙홀을 심장에 지닌 채 다녔습니다. 무려 20년 동안 말이죠. 맛있는 음식을 먹고, 여행을 하고, 마음껏 놀아도, 무얼 해도 삶은 좀처럼 만족스럽지 못했습니다. 그 기분은 끔찍했어요. 저는 무엇을 해야 할지 몰랐습니다. 또 무엇을 한다 해도 왜 하는지 모른다면 아무 소용이 없었죠. 우리는 서로에게 무엇을 해야 할지 알려 주어야 합니다. 그것이 우주 공동체니까요."

"이를 어떻게 해결할 수 있을까요?"

"우리는 다시 의미를 찾아야 합니다. 왜 살아가는지 끊임없이 다시 물어야 합니다. 그것이 쾌락적 행복만은 분명 아닐 겁니다. 이미 쾌락은 이 우주 안에 산재해 있으니까요. 하지만 마음 깊은 곳에서 울려 퍼지는 고요한 행복이라면, 제가 가는 길 끝에 있을 겁니다. 저는 특정 종교를 지향하는 것도 아니고 성인군자는 더더욱 아닙니다. 의미를 찾는 한 인간일 뿐이죠."

"어떻게 찾을 수 있습니까?"

"끊임없이 자기 자신에게 물어야 합니다. 왜 살아가는지, 무엇을 해야 하는지 말입니다. 목적의식을 가져야 합니다. 물론 세상에 정답은 없습니다. 그 답이 정답이 아닐 수도 있겠죠. 어쩌면 실제적으로, 객관적으로 정답은 없습니다. 사실 우리는 그렇게 허무의 끝에서 살아갑니다. 하지만 자신만이 알 수 있고, 느낄 수 있는 답은 있습니다. 그걸 찾아야 합니다. 저는 인간만의 존재 의미가 있다고 믿습니다. 우리가 태어난 이유는 우리 스스로 정의해야 합니다."

#허무의끝에서

스마트 팩토리 제조업을 중심으로 자동화 기계가 인간의 일자리를 대체하고 있다

2030년까지 20억 개의 일자리가 사라질 것. 15년 내로 일자리 절반 이상이 없어질 것. 세계적인 미래학자, 과학자, 저술가들이 예측한 미래다. 물론 지금은 알 수 없는 또 다른 일자리가 생겨나 대체될지도 모른다. 그러나 대부분의 예견자들은 필연적으로 수백만 명의 잉

여 인력이 발생할 것으로 보고 있다. 인공지능과 로봇의 결합, 빅데이터를 통한 효율적 알고리즘은 무서운 속도로 인간을 대체한다. 인간이 기계에게 모든 육체적·정신적 능력을 빼앗기게 되는 전례 없는 일이 일어날 것이다.

산업 혁명 이후 인간은 육체적인 능력을 기계에게 맡기고, 정신적인 능력으로 살 길을 모색했다. 하지만 미래 사회에는 이조차도 힘든 일이 될 것이다. 뇌를 닮은 인공지능과 몸을 닮은 로봇이 모든 육체적·정신적 일을 해낼 수 있게 될 것이기 때문이다.

이미 미국의 몇몇 공장은 로봇을 도입하여 스마트 공장으로 진화를 꾀했다. 인간보다 지치지도 않고, 불평불만도 없으며, 임금을 올릴 필요도 없다. 적절한 관리만 해 주면 일사천리다. 일부 사람들은 로봇에 세금을 부과해야 한다고 주장할 정도다. 만약 여기에 인공지능까지 더한다면 모든 것은 자동화 될 것이며, 관리조차 필요 없어질지 모른다. 그리고 그 끝에는 대규모의 실업자가 탄생할 것이다.

그런데 인간이 제 손에 할 일을 잃으면 무슨 일이 일어날까? 무슨 일을 해도 기계보다 나은 게 없다면 어떻게 될까? 세상에 필요하지 않은 인간이 된다는 건 어떤 기분일까? 그들은 좌절할 것이다. 특히 일자리가 없어진 이들은 절망감과 우울증에 빠져 여생을 보내게 될 것이다. 그때가 되면 극도의 허무주의가 세상을 뒤덮을지도 모른다. 모든 것이 의미 없어진 세상 말이다. 그리고 이를 인도할 많은 선

구자 또한 등장할 것이다. 과거에나 미래에나 시대를 이끄는 이들은 존재하기 때문이다.

인류는 제 스스로 자신의 의미를 되찾아야 할 것이다. 그리고 인류는 또다시 꿈꾸게 될 것이다.

꿈메이커

꿈을 판다

잠에서 깨자마자 모니터를 확인한다. 유튜브 방송이 여전히 진행 중이다. 밤새 구독자가 천 명이나 늘어났다. 일찍 일어나는 새가 벌레를 잡는다고? 이제는 아니다. 24시간 깨어 있는 자만이 벌레를 잡는다.

새벽까지 쉴 새 없이 돌아간 나의 작품은 아름답다. 당신도 원한다면 언제 어디서나 창조할 수 있다. 이제는 모두가 메이커다. 누구든 발명가이자, 작가이자, 디자이너다. 생각은 점으로, 점은 그림으로, 그림은 현실로 만들어진다. 연필, 손, 3D 프린터, 레이저 절단기, 극도로 편리한 아웃소싱 서비스, 궁극의 알고리즘 코드가 이를 가능하게 한다. 아이디어가 없다고? 아이디어를 만들어 주는 와이디어(Ydea)를 이용하면 된다. 당신의 머릿속을 분석해 가장 성공 가능성이 높은 아이디어를 들려준다. 제작이 어렵다고? 수만 개의 3D 아웃소싱 서비스가 당신을 기다린다. 몇 시간도 지나지 않아 당신은 생각을 손으로 만질 수 있다.

만약 무언가를 만들었다면 일단 공유하는 게 좋다. 운이 좋다면 일약 스타덤에 오를 것이다. 투자자가 붙고, 더욱 놀라운 사업으로 전개될 수 있다. 개인 방송은 점점 종합 예술이 되어 간다. 아니, 수익성이 충분하니 사업이라 할 만하다.

작업실에 들어간다. 방송용 드론이 나의 삶을 찍고 있다. 꺼지지 않는 카메라는 나를 끓어오르게 한다. 나는 꿈을 전시하는 크리에이터다. 먼저 BGM을 하나 만들어 보자. 메이킹 헤드셋을 쓰고 곡의 분위기와 주제, 생각을 써 내려간다. 그러면 그에 알맞은 음악이 탄생한다. 물론 세세한 수정 작업이 필요하다. 디테일을 다듬는 건 인간의 몫이다.

다음으로 꿈 씨앗을 심을 차례다. 그곳에는 스토리를 써 내려간다. '눈을 뜬다. 생존의 본능이 나를 깨운다. 제일 먼저 하는 일은 부족들을 확인하는 일이다…….' 꿈을 조작하는 행위다. 그리고 안락한 흔들의자에 앉아 낮잠을 청한다. 꿈 씨앗이 렘수면 상태로 빠져들게 하고, 스토리는 인공 뇌파가 되어 나를 유도한다. 꿈속에서 나는 원시인이 되어 자각몽을 꾼다. 현실에서 나의 꿈이 상영된다. 백만 명의 구독자는 이를 실시간으로 감상한다. 방송은 나의 꿈을 삼킨 채 밤새도록 상영된다. 꿈만 꾸고 돈도 버니 일석이조가 아니던가. 그렇다. 꿈꾸는 자만이 꿈을 이룰 수 있다. 나는 오늘도 밤새 꿈을 판다.

#만드는인간

메이커 운동 메이커 미디어의 데일 도허티가 강연을 통해 오픈소스 제조업 운동을 제안했다

권력이 이동한다. 구글은 우리를 정보 전문가로 만들고, 페이스북은 우리의 힘과 목소리를 높여 주며, 블로그는 우리를 칼럼니스트로 만든다. TV는 유튜브로, 라디오는 팟캐스트로, 책은 전자책으로, 백과사전은 모두의 위키피디아로 나아간다. 방송, 부동산, 판매는 더 이

상 스타나 자본가, 기업의 전유물이 아니다. 누구나 유튜브로 1인 방송을 할 수 있고, 누구나 에어비앤비로 1인 임대업을 시작할 수 있으며, 아마존을 통해 그럴듯한 1인 판매자가 될 수 있다. 가까운 미래에 그 속도는 더욱 빨라질 것이다. 그 핵심은 3D 프린터와 자동화 서비스에 있다. 개인의 능력은 갈수록 독립적이고 강해지며 무궁무진한 가능성을 지니게 된다. 메이커 운동(스스로 물건을 설계 제작하고, 공유하며, 협업하는 행위)이 그 예다. 미국에서는 그 활동자가 1억 3천5백만 명을 넘어서고 있다. 이들이 활동하는 메이커 스페이스는 1천4백여 개에 이르며, 매년 샌프란시스코, 뉴욕, 백악관 등에서 메이커 페어가 열리고 있다. 그들은 의류는 물론 전자 기기, 일상용품, 아이디어 제품, 로봇과 의료 기기 등 상상할 수 있는 모든 물건을 스스로 만들어내고 있다. 발명의 대중화는 현실로 다가왔다. 초등학생들의 꿈이 연예인, 의사, 과학자에서 유튜버로 바뀌고 있다. 진정 메이커의 시대가 열린 것이다. 하지만 부작용도 존재한다. 위험하고 자극적인 콘텐츠가 사람들의 관심을 유도하기 위해 판을 치고 있는데, 미래에는 그런 현상이 더욱 심화될 것이므로 분명한 대책이 필요하다. 잠은 물론 자신의 삶, 더 나아가 꿈까지도 콘텐츠가 되는 시대가 오고 있다.

잠에서 일어난 메이커는 밖으로 나와 청정 배양육점으로 들어갔다. 윤기가 흐르는 최고급 고기로 가득한 곳이었다.

배양육점주인

고통과 슬픔은 없다

죽이지 않는 고기가 탄생한다. 도살장으로 끌려가 눈물짓던 소와 돼지, 닭이 사라진다. 인류는 드디어 제 손에 피를 묻히지 않고 고기를 뜯게 되었다.

공급받은 배양육을 하나둘 보기 좋게 자른다. 조심스레 신선실에 옮겨 놓는다. 이곳에서는 냉동하지 않아도 절대 변하지 않는다. 유통기한은 무기한이 된다. 배양육은 맛도 지역도 다양하다. 최고급의 일본 고베산 와규, 호주산 블랙 무어 소고기, 태즈메이니아 꽃등심까지. 게다가 값도 싸다. 나는 하나하나 정성스럽게 진열대에 놓아둔다.

아침부터 와규 한 점을 불판 위에 옮겨 놓는다. 육즙이 흐르는 것이 참으로 아름답다. 선명한 붉은빛은 침을 흐르게 하고, 고기가 익어가는 소리는 정신을 혼미하게 한다. 먹음직스럽게 익은 와규 한 점을 혀에 놓아 본다. 사르르 녹아들어 간다. 고기는 거짓말을 하지 않는다. 있는 그대로 잠시 음미한다. 이것이야말로 행복이 아닐까? 온몸의 세포 하나하나가 맛있다고 소리친다. 다시 한 점을 옮겨 놓는다. 아침식사가 풍요로워야 남은 하루를 잘 보낼 수 있다.

살코기 같은 붉은 해가 떠오르면 손님이 하나둘 오기 시작한다. 배양육의 선홍빛이 더욱 살아난다. 황홀한 맛을 증명하기라도 하듯, 서로 경쟁하며 육빛을 내뿜는다. 손님들은 침을 꿀꺽 삼켜 가며 고민한다. 진지한 표정에서 기쁜 표정으로 고기를 사 들고 돌아간다.

배양육은 좋은 가축의 줄기세포를 추출하여 임의로 자라게 하는 방식이다. 이 과정에서 고통과 슬픔은 없다. 유전자 조작 또한 없다. 오히려 깨끗하고 건강한 고기가 만들어진다. 기존 축산업이 아직도 성행하고 있다는 것을 알고 있다. 인간은 자연 본연의 것을 좋아한다. 그러나 자연적이라서 좋은 것도 아니고, 인공적이라서 나쁜 것도 아니다.

지구는 몸살을 앓는다. 인구는 1백억 명에 이르렀고, 식량을 감당해낼 토지도 없다. 세계의 빈곤은 배양육으로 해소되고 있다. 물과 식량, 에너지가 훨씬 적게 들어가며, 항생제나 호르몬제도 쓰이지 않는다. 배양육이야말로 식량의 대안이 아니면 무엇인가. 바퀴벌레를 먹는다고? 생각만 해도 끔찍하다. 나는 그러한 미래를 보고 싶지 않다.

사실 배양육이 완벽하다고 말할 수는 없지만, 적어도 기존의 축산업보다는 훨씬 낫다. 왜냐하면 고통을 없애 주기 때문이다. 동물도 인간처럼 자신의 새끼를 강제로 떨어뜨려 놓으면 슬픔을 느낀다. 인간만이 감정을 느낀다는 것은 큰 오만이자 착각이다. 그들도 고통을 호소한다.

생명을 해치지 않아도 인간 스스로 제 배를 채울 수 있다. 생태계를 보존하고, 자연을 원래대로 되돌려놓을 수 있다. 나는 점심 식사로 배양육 삼겹살을 불판 위에 올려 놓는다.

#청정고기

배양육 식물에서 추출한 단백질에 헤모글로빈 색소를 첨가해 맛을 낸다

미래 인구가 1백억 명 늘어나면, 세계 육류 소비량은 지금의 두 배에 달하는 5억 톤이 필요하다. 기존의 방식으로는 불가능하다. 쇠고기 1kg를 얻기 위해서는 7kg의 곡식과 15톤의 물이 필요하기 때문이다. 뿐만 아니라 축산업은 온실가스 배출량의 18%를 차지하는 주범

이다. 축산업이 야기하는 메탄과 이산화질소는 이산화탄소보다 25배 정도 온난화를 가속한다.

2013년 네덜란드의 생명 공학자 마크 포스트는 세계 최초로 배양육 생산에 성공했다. 그는 수천 가닥의 근섬유로 이뤄진 배양육 햄버거를 만들어 세상에 선보였는데, 맛은 없었지만 기존 살코기와 크게 다르지 않았다. 2017년 미국 멤피스 미트는 배양육 치킨을 만들어 시식회를 열었다. 그들은 이어 배양육 오리도 연달아 내놨다. 배양육 햄버거보다 맛있었는지, 시식단은 다음에도 먹겠다고 응답했다.

배양육은 머지않은 미래다. 땅 99%, 물 98%, 탄소배출 60%, 에너지 56%를 절감할 수 있다고 배양육 종사자들은 말한다. 지금 이 순간에도 생태계는 회복할 수 없을 정도로 파괴되고 있다. 어쩌면 배양육은 선택 아닌 필수일지도 모른다.

그렇게 먹거리를 해결한 인류는 하늘을 바라보았다. 그 어느 때보다 화창한 하늘이었다.

날씨조절관리자

예측하지 않는다

구름이 몰려온다. 나는 구름을 살포시 밀어낸다. 자연재해는 더 이상 인간을 벌하지 못한다. 지배하면 그만인 것을. 날씨는 언제나처럼 푸르게 맑다.

내가 속한 제우스(Jeus) 기업은 날씨를 조종하는 세계 특별 기구이다. 우리는 24시간 지구를 관찰한다. 심각한 피해가 예상되는 징후가 발견되면 빠르게 대처한다. 태풍의 경로를 바꾸거나 큰 비구름을 단번에 없애 버린다. 물론 비나 눈을 내리게 하는 것도 가능하다. 최첨단 구름 씨앗이 대기 중에 퍼져 수증기를 응축시킨다. 여름에는 일정 기간 농사를 위해 비를 내려 주며, 크리스마스에는 이벤트로 눈을 내려 준다. 이는 가뭄을 단번에 해결한다. 레반트 지역의 농부들은 하늘을 바라보며 신께 빌었지만, 이제는 우리가 그 소원을 들어줄 수 있게 된 것이다. 이제 인간은 빌지 않는다. 지배할 뿐이다.

오후에는 실험 지역 '클라우드 2-B'에서 연구를 지속한다. 이곳에서는 지진을 멈출 방법을 찾고 있다. 지진은 보통 땅과 땅 사이, 판의 경계 부분에서 일어나는데, 이곳은 주기적으로 지진이 일어나는 경계 지역 중 하나다. 우리는 자유자재로 모양이 바뀌는 충격 완화 물질을 경계에 집어넣는 가설을 세운다. 지속적으로 실험하다 보면 언젠가는 지진도 막을 수 있게 될 것이다.

때때로 이것이 올바른 일인가 생각할 때가 있다. 분명 많은 사람을 구하는 일임에는 분명하지만, 지구의 자연스러운 순환을 방해하고 있는 건 아닐까 생각해 본다. 그러면 뿌연 안개 속에서 딜레마에 빠져든다. 인간이 모든 생태계를 무너뜨리고 있는 건 아닌지에 대해서 말이다. 인공적이고 인위적인 작은 조작이 시구의 소멸로 이어질지 누가 아는가?

이러한 우려 때문에 모든 나라가 날씨를 조종하는 데 찬성한 것은 아니다. 혹자는 우리를 마약쟁이, 안락사 의사, 성매매 포주와 닮아있다고 평가 절하한다. 하지만 커다란 자연재해를 해결하는 것엔 모두가 찬성한다. 특히 산불이 발생한 지역에 인공비를 내리게 해 단숨에 화마를 제거한다. 희생의 대명사였던 소방관은 더 이상 없다.

그들은 역사 속에서나 회자되는 영웅이 되었다.

우리는 제우스다. 신이 된 인간, '호모제우스'다. 지구 어딘가에서 태풍이 생성된다. 나는 경로를 살짝 바꿔 놓는다. 고개를 들어 구름 한 점 없는 푸른 하늘을 바라본다. 참 맑기도 하다.

#조작된하늘

인공 강우 대기 중에 화학 물질을 살포해 수증기를 응축하는 방법으로 비를 내린다

인공 강우는 미국에서 처음 성공했다. 1946년 미국의 빈센트 셰퍼는 뉴욕 근교 고도 4km 상공의 고적운에 1.5kg 드라이아이스를 살포해 눈을 오게 하는 데 성공했다. 그의 성공 이후 세계는 즉시 날씨 조절 연구에 착수했고, 점차 가시적인 성과를 거두기 시작했다. 대표적으로 2008년 베이징 올림픽 당시 중국은 임의로 날씨를 조종

했다. 그들은 개막식과 폐막식 때 비가 내리지 않게 하기 위해 비구름에 인공 강우 성분을 살포하고, 다른 지역으로 경로를 바꿨다. 또한 베이징의 심각한 먼지나 대기 오염도 인공 강우로 제거했으며, 2016년에는 랴오닝성의 가뭄 해소를 위해 인공 강우 로켓을 발사했다. 기우제를 지내던 인디언 주술사가 과학적인 레인 메이커로 변모했다.

엘니뇨 현상과 지구 온난화로 인한 이상 기후에 세계가 주목하고 있다. 이미 몇몇 국가는 이를 실용화하여 가뭄 해소와 수자원 확보에 이용하고 있다. 먼 미래에는 대부분의 자연재해 회피는 물론, 매일 23도의 따스한 봄 날씨를 경험하게 될 것이다.

자, 지구를 완전히 정복했으니 이제 우주로 나가 볼 차례다. 인류는 더 큰 세계로의 도약을 준비했다.

행성중개인

인간의 터전이 될 것이다

인간은 위대하다. 닐 암스트롱이 밟았던 달을 이제는 누구나 밟으려 한다. 그것은 본능일까? 흐르는 강물을 세차게 나아가 고향으로 돌아가는 연어처럼. 바다를 향한, 하늘을 향한, 우주를 향한 인간의 의지는 이미 잠재되어 있던 것일지도 모른다. 자신보다 더 큰 것을 바라는 욕심의 화신. 그것은 파멸의 길이자 위대함의 가능성이다. 먼지 같은 존재가 자신이 살고 있던 대지를 떠나 다른 별에 도달하는 경험이란. 인생 그 어디에서도 느끼지 못할 짜릿한 순간임은 부정할 수 없다. 나 또한 그랬으니까.

정거장은 점점 북적이고 있다. 나는 본래 부동산 업자였는데 어느새 행성중개인이 되어 버렸다. 어릴 적에는 우주비행사가 꿈이었다. 하지만 누구나 그렇듯 현실에 타협하여 엉뚱하게 부동산 중개인으로 살았다. 하루하루를 생존하기 위해 무의미하게 살았던 나에게 행성중개인이란 직업은 절호의 기회였다. 달 숙박 패키지부터 토성 고리 패키지, 목성 돌 던지기 패키지까지. 초창기엔 중개업으로 단련한 현란한 혀 놀림으로 사람들을 유혹했다. 하지만 이제는 그럴 필요조차 없어졌다. 너무도 많은 이가 우주를 향한 꿈을 키우고 있기 때문이다. 역사상 이렇게 큰 사업은 없었다. 수익적으로도, 역사적으로도 길이 남을 순간이다. 이 변화의 중심에서 나는 마음 속 깊은 충족감을 느낀다.

인간은 다른 행성에서 살게 될까? 아마도 그럴 것이다. 물론 아직까지 그런 생각을 가진 이는 극소수다. 저기 저 유유히 빛나는 푸른 별은 모두에게 돌아갈 고향이자 집이며, 정겨운 삶 그 자체다. 지구에서의 비참한 기억밖에 없는 나에게도 종종 그리움이 생겨날 때, 깜짝깜짝 놀라곤 한다. 고향은 그런 것이다. 끔찍한 기억도 찬란한 추억으로 되살아나는, 마법의 공간이다.

모든 신대륙이 그렇듯 우주 또한 인간의 터전이 될 것이다. 저 고고하게 빛나는 행성의 푸른빛이 옅어질 때마다 나는 떠올린다. 뱀이 허물을 벗고 다시 태어나는 모습을. 새가 둥지를 떠나 날아오르는 모습을. 그것은 필연적이며, 그 끝이 파괴일지 창조일지는 아직 알 수가 없다.

#신혼여행1순위

스페이스십 투 승객을 태우고 비행에 성공한 버진 갤럭틱의 우주 여객선

우주를 향한 동경이 다시 타오르고 있다. '우주에서 지구 바라보기' 를 시작으로 우주로의 여름휴가, 달 위에 발자국 남기기, 우주 호텔 에서 하룻밤 패키지가 현실로 다가온다. 엘론 머스크의 스페이스X, 제프 베조스의 블루 오리진, 리처드 브랜슨의 버진 갤럭틱이 이를 가능하게 한다. 스페이스X는 2015년 팰컨 9을 시작으로 재사용 로 켓 실험을 수십 차례 성공적으로 이뤄냈고, 블루 오리진은 2016년

비상 탈출용 우주 발사체 시험 발사를 성공적으로 완수했다. 그리고 2018년 12월 13일 오전 7시, 버진 갤럭틱은 최초로 일반인을 태운 우주 비행 실험에 성공했다. 그들은 우주관광·우주여행은 물론 행성 간 운송 시스템, 달 거주 프로젝트, 우주 식민지까지 꿈꾸고 있다. 그 과정에서 불완전한 로켓 발사, 무중력으로 인한 골다공증, 우주 방사선 등의 문제가 발견되었지만, 버진 갤럭틱의 민간 우주여행은 6백여 명이 자신의 순서를 기다리고 있을 정도로 순항 중이다. 머지않아 달에 발자국을 남기기 위해 수백만 명이 줄을 서서 기다리고 있는 장면을 보게 될 것이다. 미래에는 신혼여행지 1순위로 우주를 찾고, 우주 정거장은 사람들로 인산인해를 이루고, 달과 화성에는 인공 도시가 건설되어 제2의 지구가 탄생할지도 모르겠다.

하지만 그에 앞서 우리는 우리의 집과 터전을 지켜내야 할 것이다.

자연복원가

맑은 바람이 불어올 때 모두를 초대할게

아들에게.

아들, 잘 지내고 있지? 여기가 어딘지 알면 놀랄 거야. 아빠는 숲에 있단다. 네가 그토록 보고 싶어 하던 자연 말이야. 아직 숨 쉬기는 힘들지만, 한 차례 폭풍이 지난 후 많이 좋아졌단다. 화염에 휩싸이지 않는 것만으로도 다행이지. 우리는 씨앗을 심고, 새싹을 피우고, 자연을 되살리고 있단다. 완벽하진 않겠지만.

살아 있는 자연이 이토록 소중할지 우리는 몰랐으니까. 그것은 책으로도, 사진으로도, 영상으로도 느낄 수 없는 '진짜'니까.

네게 보여 주고 싶은 게 많단다. 순한 눈빛으로 우리를 바라보는 판다, 꽃을 찾아 날아다니는 꿀벌, 저 멀리 창공을 가르는 하얀 갈매기까지. 그 모두 스스로의 영혼을 되찾아가고 있단다. 제자리를 찾는 것이지. 물론 그것들은 언제든 사라질 수 있는 위험에 처해 있다. 하지만 네가 시리게 아름다운 푸른 별을 눈에 담을 때까지 아빠는 멈추지 않을 거란다. 그러면 언젠가는 너도 숲을 만날 수 있을 거야. 가상 공간이 아닌 진짜 숲 말이다. 우리는 늘 실재하는 것을 봐야 한다는 것을 잊지 말거라. 눈앞에 있는 사람, 살아 있는 생명, 네 손에 만져지는 것들을 소중히 해야 한다.

인간이 집을 잃고 우주에 떠도는 존재가 되었을 때, 할머니는 무척 슬퍼하셨어. 결국에 돌아갈 곳은 하나뿐이라고 말씀하셨지. 지구, 그것은 다른 어떠한 행성도 대체할 수 없을 거야. 찰랑이는 에메랄드 빛 바다, 뭉실한 하얀 구름, 살랑거리는 맑은 바람이 불어올 때 모두를 초대할게. 그 한편에 근사한 우리집이 있을 거야. 그렇게 진짜 집으로 돌아오는 거야. 잘못을 뉘우치고 조화롭게 살아가는 거야. 잃어본 후에야 소중함을 안다는 게 슬픈 일이구나. 그러나 누구나 실수는 한단다. 반복하지 않는 것만으로도 충분하지.

모두 보고 싶구나. 네 볼을 손으로 만지고 싶구나. 끼니 거르지 말고, 엄마를 잘 챙기리라 아빠는 믿는다. 그럼 또 연락하마.

지구에서

아빠가.

#집으로

아마존 밀림 중남미의 열대 우림 지역으로, 지구 산소의 1/4을 생산하며 '지구의 허파'로 불린다

최초의 나무는 4억 5백만 년 전에 탄생했다. 지구가 아름다운 숲으로 뒤덮이는 데 4억 년이 걸렸지만, 인간이 이를 파괴하는 데는 30만 년으로 충분했다. 불의 힘을 얻는 굶주린 인간이 숲을 불태웠을 때 그는 직감했을까?

8천 년 전만 해도 무성한 숲을 이루고 있었던 지구는 현재 80%가량이 파괴되었고, 농업과 벌목, 광산 개발 등으로 푸르렀던 지구는 점차 그 색을 잃어가고 있다.

멸종 위기 종은 더욱 심각하다. 오랑우탄, 늑대, 판다를 포함해 지구에 살고 있는 대부분의 동식물의 수가 급감하고 있다. 생태계 불균형과 종의 멸종이 지구에 어떤 위험을 초래할지 그 누구도 알 수 없다.

원자력 발전소와 핵 실험 또한 무시할 수 없는 위협이다. 미래의 지구는 다시 되돌릴 수 없는 지경에 이를지도 모른다.

하지만 또 다른 미래도 있다. 발전한 기술력으로 자연을 되살리고 재생시킬 가능성이다. 인공지능이 발달하고, 로봇이 들어서고, 무인화가 진행되면 인간은 좀 더 가치 있는 일을 찾아 나서게 될 것이다. 특히 자연을 복원하는 것은 매우 중요한 일이 될 것으로 보인다. 제 집을 잃고 우주를 떠돌게 될지, 지금 가진 것을 잘 지킬지는 우리의 선택에 달려 있다. 하지만 그 모든 문제를 해결하고 난 뒤에는 어떨까? 찬란한 미래 속에서 인간은 만족할 수 있을까? 모두가 행복할 수 있을까?

노인

멋진 신세계여, 나는 나의 세계로 돌아가련다

이제는 아무도 일하지 않는다. 감히 누가 인간에게 게으를 권리를 빼앗으려 하는가? 노동은 스스로 선택할 수 있는 것이다. 인간은 자유를 위해 태어났다. 마음껏 놀고, 먹고, 사랑한다. 더 이상 어느 누구도 굶지 않고, 질병에 걸리지 않으며, 오랜 시간 행복한 삶을 영위한다. 정녕 인류는 '멋진 신세계'로 나아가는가?

그렇다면 누가 일하고 있을까? 과거 인간이 했던 대부분의 역할은 로봇과 인공지능, 강력한 기술이 대체하고 있다. 서점이나 음식점에는 더 이상 직원이 없다. 무인 관리 시스템으로 모든 것이 알아서 작동하고 보호되기 때문이다. 기본 소득을 넘어서 지폐의 의미는 사라지고 있다. 그건 그저 조금 더 즐기기 위한 구시대의 유물일 뿐이다.

돌이켜보면 처음 인류는 무료함을 버틸 수 없었다. 그래서 다시 과거로 돌아가자는 '리턴족'의 회귀 운동까지 생겨났을 정도다. 하지만 시대를 거스를 순 없다. 인간은 적응했다. 언제 노동을 했던 적이 있었냐는 듯이. 눈 깜빡 할 사이에 녹슨 사슬은 풀려 버렸다. 끝없는 자유는 누군가에게는 진정한 휴식을 주었지만, 누군가에게는 영원한 무기력을 안겨 주었다. 어떤 이는 마음껏 여행하고, 어떤 이는 방 한편에 누워 아무것도 하지 않는다. 자본주의는 인간을 무노동의 기반 위에 올려놓고, 역사 속으로 사라졌다.

물론 여전히 일하는 사람들이 있다. 자신이 좋아서 하거나, 자신만의 신념을 갖고 일하는 이들이다. 인간미를 추구하는 일 또한 그렇다. 스포츠, 예술, 봉사 등이 그 예다. 애덤 스미스는 인간의 노동이 신성한 가치라 말했지만, 그건 틀렸다. 오직 사랑과 헌신, 자유만이 인간의 신성한 가치가 된다. 노동은 놀이이며, 인간 삶의 한 부분일 뿐이다.

허나 나는 이제 죽음을 앞둔 노인이다. 멋진 신세계를 앞두고 늙은 몸뚱어리만 남아 있는, 나약한 인간이다. 모든 것이 좋아졌지만, 늙은 인간의 심리는 참으로 기묘하다. 흘러간 지난날이 더욱 그리워지는 건 우스운 일이다. 무척 고되었던 세상이 이제는 하염없이 보고 프다. 시대뿐 아니라 사람도 보고픈 모양이다. 어쩌면 젊은 몸뚱이를 그리워하는 것일지도.

인간은 돌아가려는 경향이 있다. 자신의 고향이, 트라우마가, 오래된 추억이 불쑥불쑥 찾아와 나를 근원지로 돌아가게 한다. 그래서 나는 돌아가려 한다. 책임감을 갖고, 제자리에서 역할을 다하던 그때로. 아직 현대의 손길이 미치지 않은 곳으로. 그곳에서 내 오랜 과거를 찾아보련다. 멋진 신세계여, 나는 나의 세계로 돌아가련다.

#미래에서영원으로

한 노인이 자리에 앉는다. 그 무게가 모든 생을 짊어진 듯하다. 모든 생을 다 산 듯 고요하고 여유롭다. 하지만 그의 손과 얼굴은 중년 정도로밖에 보이지 않는다. 나이를 가늠할 수 없다. 내가 아는 것이라곤 그가 백 년 이상 살아왔다는 것뿐이다. 이곳에 들어올 수 있는 사람의 자격이 그러하기 때문이다.

그는 생에서 자신이 하고 싶은 모든 경험을 다했다고 했다. 세상 모든 가슴 터질 듯한 사랑, 세상 모든 달콤한 음식, 세상 모든 새로움을 즐겼다고. 더 이상 할 것이 없고, 꿈꿀 게 없다고 조용히 절규했다. 이제는 영원한 생이 고통스럽고 지겹다고. 나는 고개를 들어 그의 눈동자를 본다. 그는 죽어가고 있었다. 몸이 병들지 않았지만 그의 영혼은 죽음을 또렷하게 받아들이고 있었다. 나는 고개를 끄덕이며 이해한다고 했다. 한 인간이 자연의 섭리를 어기고 몇백 년을 산다는 것은 쉽지 않은 일이다. 나는 그에게 더 나은 죽음, 더 나은 세계로의 여행을 소개한다. 편안히 누워 눈을 감는 안락사는 물론이고 머나먼 우주로의 죽음, 가상 세계로의 죽음 등이다.

생명이 인류의 발목을 잡는다. 삶이 다할 때까지 기다리는 것은 너무도 고통스럽다. 생이 짧다고 누가 말했는가. 나는 반영구적인 세계 속에서 밝은 죽음을 선사하고 싶다. 행복한 죽음을 선물하고 싶다.

탄생은 우리의 선택이 아니었지만 자신의 죽음만은 스스로 선택해야 한다. 그것이 인간답다.

그는 자신의 죽음을 선택하고 천천히 일어섰다. 끝을 알 수 없는 무게를 짊어졌던 그의 등에서 수백 가지의 생이 하나둘 내려온다. 그의 움직임이 손안의 깃털보다 가벼워 보인다. 죽으러 가는 그의 얼굴에서 처음으로 살아있음이 느껴진다. 환하고 고운 미소다.

나는 깨닫는다. 죽음은 우리를 죽게 하지 않는다. 오직 죽음만이 우리를 살아 있게 한다.

참고한 책

《곡물의 역사》, 한스외르크 퀴스터, 서해문집, 2016

《극한의 경험》, 유발 하라리, 옥당, 2017

《노동, 성, 권력》, 윌리 톰슨, 문학사상, 2016

《대장장이와 연금술사》, 미르치아 엘리아데, 문학동네, 1999

《대항해 시대》, 주경철, 서울대학교출판부, 2008

《도둑의 문화사》, 와타나베 마사미, 도둑연구회, 이마고, 2003

《랩걸》, 호프 자런, 알마, 2017

《로마 검투사의 일생》, 배은숙, 글항아리, 2013

《무당》, 조성제, 나루터, 2018

《미래의 단서》, 존 나이스비트, 도리스 나이스비트, 부키, 2018

《미술이 쓴 역사 이야기》, 하진욱, 호메로스, 2012

《바퀴, 세계를 굴리다》, 리처드 불리엣, 엠아이디, 2016

《불량직업 잔혹사》, 토니 로빈슨, 데이비드 윌콕, 한숲(이른아침), 2005

《사피엔스》, 유발 하라리, 김영사, 2015

《세계미래보고서 2018》, 박영숙, 제롬 글렌, 비즈니스북스, 2017

《세계미래보고서 2019》, 박영숙, 제롬 글렌, 비즈니스북스, 2018

《세계미래보고서 2030-2050》, 박영숙, 제롬 글렌, 교보문고, 2017

《세계미래보고서 2055》, 박영숙, 제롬 글렌, 비즈니스북스, 2017

《세계 지도는 어떻게 완성되었을까?》, 조지프 제이콥스, 행성B아이들, 2017

《수의 황홀한 역사》, 토비아스 단치히, 지식의숲, 2016

《시체도둑》, 로버트 루이스 스티븐슨, 버티고, 2007

《아서 왕과 원탁의 기사들》, 토머스 불핀치, 현대지성사, 2003

《여행의 역사》, 빈프리트 뢰쉬부르크, 효형출판, 2003

《역사 속에 사라진 직업들》, 미하엘라 비저, 지식채널, 2012

《옷 입은 사람 이야기》, 이민정, 바다출판사, 2013

《이성적 낙관주의자》, 매트 리들리, 김영사, 2010

《인류 역사에 담긴 음식문화 이야기》, 린다 시비텔로, 린, 2017

《인류의 기원》, 이상희, 윤신영, 사이언스북스, 2015

《인생 수업》, 엘리자베스 퀴블러 로스, 데이비드 케슬러, 이레, 2006

《중세의 뒷골목 풍경》, 양태자, 이랑, 2011

《직업의 이동》, 신상진, 한스미디어, 2015

《진화의 배신》, 리 골드먼, 부키, 2019

《총, 균, 쇠》, 재레드 다이아몬드, 문학사상, 2005

《카피라이팅론》, 김동규, 나남, 2003

《코스모스》, 칼 세이건, 사이언스북스, 2006

《크리스토파노와 흑사병》, 카를로 M. 치폴라, 정한책방, 2017

《패션의 문화와 사회사》, 다이애너 크레인, 한길사, 2004

《패션의 유혹》, 조안 핑켈슈타인, 청년사, 2005

《항해의 역사》, 베른하르트 카이, 북폴리오, 2006

《향기 탐색》, 셀리아 리틀턴, 뮤진트리, 2017

《향수의 기억》, 엘리자베스 드 페도, 옴므리브르, 2016

《호모 데우스》, 유발 하라리, 김영사, 2017

《회계는 어떻게 역사를 지배해왔는가》, 제이컵 솔, 메멘토, 2016